JN028852

コンサルが
「最初の3年間」で
学ぶコト

ソシム

コンサル思考も心得も
当然、「才能」ではなく
「濃い技術」です。

コンサルタントの「最初の3年間」は嘘みたいに濃い。量も質も。時代背景もあり変化はしているが、それでもなお、時間的に「働く」。徹夜も好んでするし、時には土日も働く。

　そして、見過ごされがちだが「質」も構造的に濃い。

・コンサルティングファームは売り物が「思考」しかない。誰もが欲しくなる製品も、使いたくなるサービスもない。故に…濃く。
・クライアントが抱える難題＝まさに「答えの無い」ゲームに立ち向かうべく、社内では上下関係など気にせず、毎日「喧々諤々。時には罵倒」の中、議論勃発。故に…濃く。
・ファームにより濃淡はあるものの、やっぱり「アップ or アウト」（＝制限時間内に昇進できなければクビ）の心地良い緊張感の中、皆が切磋琢磨。故に…濃く。

　そんな「濃い技術」であるコンサル思考と心得を、抽象的な表現ではなく、具体的・リアルな表現を軸に実例を交えて書かせていただいております。故に、主語が「僕（ＢＣＧ）」になってますが、「コンサルタント（ファーム）」と読み替えでも問題ありません。

　「○○するんじゃなく、□□しましょう」という形式で99＋5の項目に分けて書いております。故に、全部読まず"つまみ"読みでも行動を変えられます。

　あえて「話し口調」＝目の前で講義している感覚を得やすいように書いております。故に、飽きない＆記憶に残りやすいかと思います。

　すべてのビジネスパーソンに届けたい「濃い」技術。
　『コンサルが「最初の3年間」で学ぶコト』をお楽しみください。

目　次

「2度はできない」
叱咤激励の1年目

「天狗になる」⇄「鼻をへし折られる」
繰り返しの2年目

「付加価値を付ける」
真っ向勝負な3年目

「一桁上の価値を出す」
マネージャーに挑戦の4年目

「２度はできない」

叱咤激励の１年目

何から何まで違った。思考もお作法も。まさに「コンサル思考、お作法」がそこにはあった。振り返ればであるが、それは紛れもなく「最高にセクシーな思考、お作法」だった。その当時はがむしゃらで、何が何だか分からなかったけど。そして、それはコンサルに限らず、ビジネスパーソンとして身につければ圧勝できるものでもあった。

そんな「最高にセクシーな思考、お作法」を存分に、今から皆さんに伝授させていただくのですが、僕の体得した「コンサル思考、お作法」は人生で二度はできない、最高に楽しかった1年＝最高の師匠たちからの叱咤激励、週2徹夜、土日 "全ツッパ" から「醸造」されたものだ。

本当にBCGは楽しかった。僕はスキルは持っていなかったが「運」だけは、特に最高の師匠を引き寄せる運はあったと思う。

・BCGで1番インテレクチャルに厳しい、僕の大好きな師匠＝加藤広亮さん。

・公私ともにお世話になりっぱなしで、いつか「貴方がBCGのOA（日本の社長）になったら復職します」と約束したら、いつの間にOAになってしまった＝佐々木靖さん。

・「頭だけはいいけど退屈」なコンサルが多いなか、圧倒的なビジネスセンスを兼ね備えた天才＝市井茂樹さん。

・日本語なのに頭の回転が速すぎて何を言っているのか分からない、を初体験させてくれた＝杉田浩章さん。

・「楽勝な人生を熱く生きろ」と叫ぶBCGの傑物＝水越豊さん。

彼らとの「距離」が近かった、近くしていったことで多くのことが学べたし、何より楽しかった。そんなBCGライフで学び、その後、講義を通して言語化、磨きこんだ「コンサル思考、お作法」を、本書で伝授させていただこうと思うのです。

では、始めますよ。
コンサルタントの1年目、スタートでございます。

コンサル思考／お作法
VS
コンサルタント

コンサルタントは嫌いだけど、コンサル思考は好き

　コンサルタントは嫌われている。いや、呪われているほど嫌われている。そもそも、何をやっているかが分からないし、お高くとまっているし、どこか「陰キャラ」。斜にも構えている。まだまだ、上げようと思えばいくらでも上げられる。Twitterで最も揶揄、批判されるのはコンサルタントだ！とも言えるほど、コンサルタントは嫌われている。

　僕もそう思います。

　ではここで、この本の最初の「メッセージ」（＝伝えたいこと。ここで横文字が出てきてしまうのも、嫌われる理由かもしれない）があります。

コンサルタントを嫌っても、コンサル思考／お作法は嫌いにならないください。

　コンサルタントがまさに「叱咤激励」というか、クライアントから／上司から（コンサル用語で言えば、MD（マネージング・ディレクター）やM（マネージャー））に日夜「詰められる」中で、磨きこまれた「思考技術」や「お作法、心得」はもちろんのこと、「付加価値の出し方」は全てのビジネスパーソンが身に付けたら幸せになるものだと確信しています。

　ですので、この本を通じて

コンサル思考／お作法を「好き」になっていただき、「好きこそものの上手なれ」までに到達していただく所存でございます。

　コンサルを卒業（＝コンサル業界では辞めることを「卒業」と呼んで、それまでの「叱咤激励」を水に流そうとしている文化があります）し、スタートアップのCxOや事業会社のマネジメント層として活躍している方がいます。それは、この「コンサル思考、お作法」を武器に価値を出しているからでございます。

　そして何より、皆さん、この本をお読みいただいている皆さんは、コンサルタントが持ちたいけど持てない才能やセンスをお持ちのはず。例えば、「陽キャラ」だったり「素直さ」だったり。そんな皆さんが、この「コンサル思考、お作法」という武器を持ったら、言わずもがな、最高にセクシーなビジネスパーソンになる。ならないわけがありません。

　皆さんの類まれなる才能＋「コンサル思考、お作法」
　＝最高のビジネスパーソン！

では、ここから「コンサル思考、お作法」を丁寧に、99個＋αほどを伝授させていただきます。

本書のタイトルには「最初の3年間」とさせていただいておりますが、「叱咤激励、詰めに詰められる」3年間ですから、濃さで言えば「10年分」にも匹敵するかと思います。だから、事業会社の10年目までの方でも、復習半分・新しい発見半分で読んでいただいても全く問題ありません。

なお、僕の文章は「講義形式」と言いますか、「つまらない大人の文章」ではなく、より「楽しめる、記憶に残る文章」をあえて選択して書いております。例えば、「セクシー＝最高、すばらしい」ですし、「ポンコツ＝取るに足らない」です。それを口語、講義口調で書いている感じです。

本当に僕の話している感じを知りたい方は、ぜひ下記のYouTubeチャンネル「考えるエンジンちゃんねる」を見てくださいね。

https://www.youtube.com/channel/UCKYzluBJPjqoIHOX7Nl8oZA

では、そろそろ講義を始めましょうか。

コンサルの「最初3年間」で学ぶコト。
起立、気をつけ、礼！
よろしくお願いいたします。

○○
VS
○○

VS＝戦いは嫌いだけど、
思考の「VS」は大好きを超えてファン

何から語ろうか？と思ってパッと浮かんだのは、この本の目次を見た方が「どんだけVS＝対決させたいんだよこの人は」と思えるほど並んでいたこの形式↓

○○ VS ○○

本書をより理解していただくために、001のテーマを「○○ VS ○○」としましたが、本来であれば「068のテーマ」あたりでじっくりと語りたい、割と高度な「コンサル思考、お作法」になります。

では、説明していきましょう。

物事を決断する時はもちろんそうですが、それ以上に、物事を捉える時、考える時に使うと思考が深まる思考方法が、この

○○ VS ○○

です。世の中で一番近い言葉を選ぶと「二項対立」かと思いますが、少し堅苦しいので、僕は「VS思考」とか「対立思考」と何となく叫んでおります。

VS

3年間　1年間

例えば、世の中が変化する中で、既存事業をどうトランスファー／転換していくかを議論しなければいけないとします。その時に、闇雲に「こう変えたほうがいい！」という意見を参加者に投げつけたところで、「まぁ、そういう意見もあるよね。僕は違うけど」などとなってしまうでしょう。

　そんな時、皆さんは「VS思考」をフル回転させ、次のようなことをホワイトボードに書き始めるか、はたまた、たたき台として「紙」で用意できたら議論のチャンピオンになれます。

世の中が変化する中で、既存事業をどうトランスファー／転換していくか？　事業転換を考えるための「７つのVS」

① 広く浅く（ターゲット）VS 狭く深く（ターゲット）
② 客単価（短期的キャッシュ）VS ライフタイムバリュー（中長期的キャッシュ）
③ 既存サービスのピボットが限界 VS 新たなサービス／飛び地までOK
④ 売り切り VS サブスク／定期購買
⑤ (KPI)売上／利益 VS 顧客ロイヤリティ
⑥ 自社、自前 VS 提携、買収
⑦ 社長肝いり案件（予算青天井）VS 通常の案件（予算ありき）

　図を見れば、その会議の盛り上がりが想像できるはず。

　面白いもので、人というのは「VS」で示されると勝手に選ぶ動物なんですよね。だからこそ、何かを考える時はこの「VS思考」を忘れないようにしましょうということで、この本も全ての項目・全てのメッセージを「VS」形式で書いております。

　何となくの説明よりもVS思考、すなわち

○○するんじゃなくて、○○したほうがいいよ。

　ちなみにこの「VS思考」はBCG時代に、その当時、プロジェクトのMDだった杉田浩章さん（今は早稲田のビジネススクールの先生）から見て学んだ技術。これに限らず、モンスター級のコンサルタント／ビジネスパーソンはこういう技術を「無意識に、自然と」使っております。ですので、彼らにそれを聞いても「え？そんなこと言ったっけ？」とスルーされてしまい、いっこうにスキルとして伝播していきません。そんな想いもあり、この本を通して言語化して広めていこうと思ったわけでございます。

　以上、この本の全ての章に「○○ VS ○○」が出現しているので、すぐに慣れていただけるでしょう。その結果、皆さんも自然と「VS思考」ができるようになる。そのように設計しておりますので、楽しみにお読みください。

> # 人は「比較感」の中で理解する。
> # 思考／お作法も一緒。
> # VSは理解の基本。

どう考えたら辻褄が合うか？
VS
文句、文句、文句

「辻褄思考」はまさに
最高の武器となる

　この思考は若手にも必要なのですが、役員／部長＋ベリートップの方と働く人は絶対に習得せねばなりません。それがこの「辻褄思考」です。

　辻褄思考の定義をあえて書くと、次のようになります。

- 仕事する中やプライベートにおいて、「あれ？ついさっき言ったことと変わってるじゃん」とか、「自分の考えと180度違う」という時に、瞬発的に使うべき思考。
- 具体的には、違う！と感じて「文句」を言う前に、「どう考えれば辻褄が合うのだろうか？」と思考を深める方法を指す。
- 違う言い方をすれば、自分には「何か前提や、直近に起きた変化」が見えていないと認識し、それを探りにいくという美しき行動様式を指す。

　例えば、上司と議論した結果、「この作業はいらないからやらなくていいよ」ということになった次の日、朝イチに呼び出されて「やっぱりあの作業やってください。急いで」と言われたとします。

　その時に、この辻褄思考が無いと次のような反応をしてしまう。

だったら、昨日言ってくださいよ（マジで）。
昨日と違うじゃないですか！
（この上司、仕事できない、というか嫌いだわ）

そりゃあいきなり変わったわけだから、「文句を言うのは正当だろ！」という感じになってしまうでしょう。または、気性が穏やかな人だったら「了解です」と言って流してしまうだろう。

でもそれでは、上司に嫌われるとか、部下としてなっていない！という意味ではなくて、3流に成り下がってしまいます。

では、どのようにすれば良いのでしょうか？

まずは「心持」ですが、次のように考えてみてください。

> あれ、昨日と180度、上司の意見が変わったね。
>
> 常識的にも日常的にも考えづらい「たった1日」で180度意見が変わったという事実に「どう考えたら辻褄が合うか？」と思考を回し、仮説の域を出ないが「昨日の夜に会食があり、誰かからインプットがあったのではないか？」、あるいは「僕らの知らぬ事件。そうね、役員が辞めるとか、そういう環境変化があったのでなないか？」と考えられる。

そして返しとしては、

了解しました。昨日の今日で誰かのインプットがあったり、環境が変わったのですね。

といったパターンがある。そうすると、上司はこう思うでしょう。
お前、分かってんじゃん。
そのうえで、

ありがとう！そうなのよ。実は急遽、参加しない予定だった役員の田中さんが参加することになり、彼とこの件について議論したいから作業を復活させたのよ。

このように、変化した「背景」＝上司の思考まで学ぶことができるわけ。だから、何も感情を揺らさず、大人の対応の「了解です」と流すのも良くないわけです。
　つまり、相手と視座が異なる、相手と情報量が異なることを念頭に置きながら、相手の思考をくみ取れることは、ビジネスをうまく進める、成功する、昇進するためにも大事なのですよ。
　誤解が無いように補足しておくと、この辻褄思考の使い手になると昇進が早まるのは

「YES」マンとして上司の言うことを聞いたからではなく、辻褄思考で上司の背景にある「思考」に触れ、自らの「思考」に取りこんだから。

　ここをお間違いなく。
　複雑に変化する中で、求められるのは「YES」マンではなく、「辻褄思考」マンなのです。

だから皆さん、「辻褄思考」マンになりましょう。

　以上、本書は終始このような感じで進んでまいります。
　001のような「コンサル思考」と、002のような「コンサルのお作法、心得」を織り交ぜながら、講義というか伝授してまいります。

　基本的には「数字」が大きくなればなるほど、最初の3年間でも後半に習得する／すべきことになっていきますので、素直な皆さんは前から順に読んでいったほうが習得しやすいかと思いますよ。

> # 上司との「視座」の違いを認め
> # 文句を言う前に
> # 「辻褄思考」をフル回転させましょう。

相談＋報告。
VS
相談。

「相談」する度に
あなたは信頼を無くしているかもしれない

皆さんは、お気付きになっただろうか？

今回のタイトルを見て、不自然に付いているあれに。

そう、「。＝ピリオド」です。

若い時は特に「相談する」ことが多い。仕事に関しても、転職に関しても、それこそ男女関係についても相談をするし、若いということもあって気兼ねなく年上の方に相談できる。それは素晴らしいことなのですが、しかしそこには罠があり、その罠にハマっている人が多くて僕は悲しくて仕方がありません。それは、相談が投げっぱなしジャーマンになってしまっているという罠です。

例えば、皆さんは明日、面接を控えているとしましょう。その面接のために、先輩にアドバイスをもらいたくて相談したとします。よくあることです。

そして、しっかりアドバイスを受けたら当然、最後にこう叫ぶ。

先輩のアドバイスをもとに、がんばってきます！

ところが、面接を終えたら気分すっきり、相談したことをすっかり「過去のこと」として捉え、思い出すことなどない。そうすると悪夢が訪れます。少し時間が経った後、その相談した相手にばった

り会ったとしましょう。その相手
から次のように聞かれてしまう。

せっかく相談に乗って
あげたのに・・・

そうだ。相談してくれた件
はどうなったわけ?

　この瞬間、その相談に乗ってく
れた方は「相談したのに、その結
果報告をしてくれない人なんだなぁ。なら、次は相談を受けるのや
めよう」と心に決める。そんな人は「性格の悪い奴」だと思うかも
しれませんが、人生、皆誰しも「人のことをかまっている暇も余裕
も無いほど忙しい」のです。だから無意識に、次に相談受けた時に
「面倒くさいから後にしよう」となっていくのです。

　だから、相談受けた時の最後の一言はこうしなければなりません。

先輩のアドバイスをもとに、がんばってきます!
結果はまた報告させてください。

　そして、その「報告」こそが、その相談者との関係を深めますし、
何かにつけてアドバイスをもらえる関係に昇華できる。結果、こち
らとしても相談しやすくなるわけです。

　つまり、相談とは

　相談で終わり、ピリオドを打つのでなく、

　相談＋報告で終わり、ピリオドを打つもの。

　だから、

相談＋報告。VS　相談。

　なのです。皆さんもピリオドの打ち方をお間違いなく。

相談だけじゃ
ダメなんだなー

　ところで、少し応用になりますが、「相談」だけでなく「紹介」も
同じです。

　紹介を受ける＋報告。VS　紹介を受ける。

　何か良いお店屋さんない？と聞いて紹介を受けた時もそうですし、
それ以上に、悩んでいる時に先輩が「知り合いの人」を紹介してく
ださった際には本当に気を付けて、「＋報告。」をしなければなりま
せん。

　人の紹介の場合は、すべきことがさらに増えます。悩んでいる人
を田中さん。その相談を受けたのが僕、タカマツ。そして、紹介し
た人を平井さんだとします。

①まず、その紹介した方＝平井さんと話す日が決まったら、紹
　介してくれた方＝タカマツにすぐさま連携する。そうしな
　いと、紹介してくれた方＝タカマツが必要に応じて「よろし
　くお願いしますね」と伝えられないからね。

②そして何より、その相談が終わったら、その内容を紹介して
　くれた方＝タカマツに連携する。その上で、「僕からもお礼
　は後ほどお送りしますが、機会がありましたら、大変良くし
　てもらって嬉しかったとお伝えいただけると幸いです」と言
　うのがベスト。

そうすると世の中はよくできていまして、それをすることでもちろん「悩んでいる人、田中さん」がハッピーになると同時に、この一件にて

相談を受けた人（＝タカマツ）と紹介した人（＝平井さん）の関係が濃くなる。

そのことで、相談を受けた側も「相談してくれてありがとうね、田中さん」という感情が芽生えて、この関係も良くなるのです。まさに、三方良しになっていくのです。

言わずもがなですが、どの「報告」を怠ったとしてもこのサイクルは生まれませんし、二度とその人に誰かを紹介することはありません。なぜなら、「いつか、失礼なことが起きそうだ」と想起してしまうからです。

だから皆さん
絶対にピリオドの打ち方を
お間違いなく。

まず論点（質問）に答える
VS
思いつくままに話す

気付かないうちに皆ズレている？
質問に答えるという難しさを知る

　今からお話しさせてもらうのは「コミュニケーションの鉄則」で
あり、ビジネスの基本でもある。しかしながら、ビジネス歴20年の
方でも「できていない人が多い」ので、今このタイミングで体得し
てしまうのがお得です。

　僕はこのコミュニケーションの鉄則を誰かに教える際に必ず、英
語の代表的すぎるやりとり「How are you? → I'm fine!」を引用
する。だから、この法則を次のように呼んでいます。

How are you? I'm fine!の法則
（ハワユー、アイムファインのほうそく）

　ということで、さっそく説明していきましょう。

　小学校、いや大人になってもたまに聞きますよね、

ちゃんと質問に答えなさい！

　このように怒られた経験、誰にでもあるでしょう。では、この「質
問にちゃんと答える」とはどういうことなのか、それをどうスキル
化していけば良いのかについて説明していきます。

　皆さんは、How are you?と聞かれたら、もちろん古代の表現か

もしれませんが、I'm fine!と答えることになります。そして実は、このHow are you?に対してI'm fine!という答え方は、揺ぎなく論点に答えているのです。

しかし、I'm fine!と答えずI'm busy!と答えたら、論点に答えていません。会話としては通じてしまうかもしれませんが、論点には答えていないのです。

では、ここでクイズです。

「夕飯ある?」と聞かれた時のお母さんの返しクイズ!

「論点に答えている、答えていない」をどのように判定したら良いのか? その際、「答えた後（話した後）」ではなく、「答える前（話す前）」にどう判定すれば良いのか?

次の例題を使って説明してください。

　小学生のさとし君は、四谷にある南元公園で野球をして17時に家に帰りました。そして帰るやいなや、さとし君はお母さんに聞きました。

　さとし君：「夕飯ある?」

　お母さん：「ハンバーグよ」

　さとし君：「（……質問に答えてないじゃん）」

　そして次の日、さとし君はまた南元公園で野球をして17時に家に帰りました。帰るやいなや、お母さんに聞きます。

　さとし君：「夕飯ある?」

　お母さん：「あるわよ」

　さとし君：「はーーい（今日は質問に答えてるじゃん）」

　さて、ここで問題です。一体どのように考えれば「発言する前」に判定できるのでしょうか?

ちなみに、「クローズドクエスチョンだから」界隈の答えはハズレ
です。この判定はオープンクエスチョンでも使えるものとなってお
ります。

では、解説して行きましょう。

正解はこちら。

「答え（返事）から、質問に返ってこれるか?」を
チェックする。

言われてみれば納得なのですが、これが本当に最強の「論点に答
えているか、答えていないか」のリトマス試験紙になります。

お母さんの発言が「ハンバーグよ」であれば、これは「夕飯あ
る?」ではなく「夕飯の献立は?」への返しになってしまうでしょ
う。一方で「あるわよ」だったら、これは「夕飯ある?」に返って
くることができます。

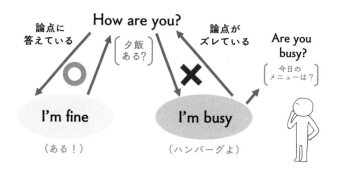

では、先ほどの「How are you? → I'm fine!」の法則でも、こ
のチェック方式をやっておきましょう。

I'm fine!であれば当然、How are you?に返ってくることができ
ますよね。一方で、I'm busy!と答えたなら、How are you?には
返ってこれず、Are you busy?に返ってきてしまうため論点に答え

ていない。このようになるわけです。

　さて、「論点に答えていない」ことを、ビジネスでは次のように言います。

論点がズレている（または、論点ズレている）

　何か質問された場合は、必ず「答え（返事）から質問に返ってこれるか？」をチェックする。忘れないでくださいね。

　それでは最後に一応、確認のクイズを出しておきたいと思います。「英語話せる？」と聞かれた時の友だちの返しクイズ！

> 　あなたは友だちに「英語話せる？」と聞きました。すると、友だちはこう答えました。「少し話せる」。
> 　さて、この発言は「論点に答えている」なのか「論点がズレている」なのかを考えた上で、それはなぜかもお答えください。

　もうお分かりですよね。

　当然、「論点がズレている」となります。

　チェックしてみると、「少し話せる」から「英語話せる？」には返ってこれず、「英語をどれくらい話せますか？」に返ってきてしまいますからね。その時、どうしても「論点からズレたくないけど、"少し"ということも伝えたい」という時はこうしてください。

はい。少し話せます。

　論点に答えた後は「あなたの時間」ですから、論点とか気にせず自由に話してOK。その意味を込めて、「まず質問（論点）に答える」というように「まず」を付けています。

　質問（論点）に関係無いことは、「まず質問に答えた後に言う」こ

とを覚えておいてください。質問に関係無いような「ウダウダ」を言うのは、論点に答えてから！

　次の合言葉を忘れないでくださいね。

How are you? I'm fine！の法則は絶対。
ウダウダはI'm fineの後で！

　これは本当にビジネスの基本です。しかし残念ながら、おそらく大半の方が「そんなんできているよ」と思っている。そこで、ぜひともやってもらいたいことがあります。それは、

　I'm busyマン探し。

　お察しの人もいるかもしれませんが、「I'm busy！」と答えてしまうと、論点に答えていない、論点がズレているとなりました。そこから派生して、論点に答えていない、論点がズレてしまっている人のこと僕はこう呼んでいます。

I'm busyマン！

　例えば、自分が発言しない会議などで出席者の問答に耳をいつもより傾け、論点に答えているか、答えてないかを判定していく。これが、「I'm busyマン探し」です。

　本当にたくさんのI'm busyマンが見つかりますよ！

> 他人のフリ見て、我がフリ直す。
> このコンサルのお作法／ビジネスのお作法を
> 遺伝子レベルで馴染ませてください。

「構造」が主役の話し方

VS

「値（中身）」が主役の話し方

質問に答えられるようになったら「構造と値」の分離＝話がうまくなるコツ！

コンサルタントもビジネスパーソンも、もしかしたら人生も、かもしれませんが、効果をすぐに出したいのであれば、

中身ではなく外見を整える。

それはそうだよね。中身を整えるのはそもそも大変だし、何より他人からは見えない。だからこそ、何か「習う時」は変化が他人から見えやすいことから磨くべきなのです。

よって、コンサル思考やメンタリティよりも先に、他人に見えやすい「行動」を変えたほうが手っ取り早く効果を得やすい。その代名詞というか、まず変えるべきなのは、

話し方。これを変えてしまえば、仕事ができそうだと思われる。

これ。だからこそ「004」に続き、「005」も話し方がテーマなのですよ。

まず、「話し方」を捉える時に意識すべきことが2つ。それは、タイトルにも登場している構造と値（中身）です。これを意識すれば、誰でも話し方が整います。

では、一番ありきたりな質問「趣味は何ですか?」で、どういう話し方がセクシーなのかについて解説していきたいと思います。

「趣味は何ですか?」と言われたら、次のように答えるとセクシーだという一例がこちら。

> 趣味は大きく3つあります。
> 1つ目は「トライフォース大島の石毛先生に習ってる」ブラジリアン柔術。
> 2つ目は「月1回ほど気まぐれで描く」段ボールアート。
> 3つ目は「最近はやる機会が減り、見る専門になっている」麻雀。
> です。特に、1つ目のブラジリアン柔術は石毛先生の指導もあり、週5で行くほどにまで生活・人生の中心になってきております。

これぞ、まさに皆さんが自然とやれるようになってほしい、「構造」が主役の話し方でございます。

構造とは、話の「骨格」「枠組み」に当たる部分であり、今回の例で言いますと次のハイライトした部分になります。

> 趣味は大きく3つあります。
> 1つ目は「トライフォース大島の石毛先生に習ってる」ブラジリアン柔術。
> 2つ目は「月1回ほど気まぐれで描く」段ボールアート。
> 3つ目は「最近はやる機会が減り、見る専門になっている」麻雀。
> です。特に、1つ目のブラジリアン柔術は石毛先生の指導もあり、週5で行くほどにまで生活・人生の中心になってきております。

　構造が主役になりますので、構造が「先」、値（中身）は「後」に話すのがベストということになります。

　一方で、悪い例も一応載せておきましょう。こうなります。

> 　趣味は「トライフォース大島の石毛先生に習ってる」ブラジリアン柔術ですね。ブラジリアン柔術は石毛先生の指導もあり、週5で行くほどにまで生活・人生の中心になってきております。
> 　それ以外に、「月1回ほど気まぐれで描く」段ボールアート、あとは「最近はやる機会が減り、見る専門になっている」麻雀があります。

　これが「値（中身）」が主役になっている悪い話し方です。比較すると一目瞭然ですよね。

　話を「良い話し方」に戻すと、この「大きく3つあって」という話し方は、今ではコンサルタントの代名詞とも言えます。プライベートで使うとやや嫌われますが、ぜひとも仕事で自然と使えるようになってください。

　では、最後に1つだけ練習しておきましょう。

　皆さんが思う（イメージでも構いません）、「コンサルタントの嫌いなところ」はどこですか？

　これを、「構造」が主役の話し方でお答えください。

> コンサルタントの嫌いなところは、大きく4つあります。
>
> 　1つ目は、「何かにつけて」3つあってと話すこと。
>
> 　2つ目は、「何かにつけて」MECEじゃなくない？と言ってくること。
>
> 　3つ目は、「何かにつけて」うちのファームはとか自社をファームと言うところ。
>
> 　4つ目は、「何かにつけて」カタカナ英語、例えばアグリーですとか言うところ。
>
> 　特に4つ目のは本当に嫌いで、アグリーですはまだしも「アブソリュートリー　アグリーです」って言われた時は殴ろうかと思いました。

　こんな感じで答えていただけると、「構造」が主役になっていて最高です。というわけで皆さん、「話し方」を整えて、まずは成長を実感しちゃいましょう。

　ところで、これはリズムや感覚の問題かもしれませんが、あまり「4つ以上」の数字は使いません。使うとしても、「2つ」か「3つ」になります。もちろん、構造とは「2つ以上を整理するために生まれた」ナイスなやつなので、言いたいことが1つの時に「大きく1つあります」という言い方はしませんからね（若手のコンサルだと勢い余って言っている人もいますが）。

コンサルがすぐ「大きく3つあって」と言うのには意味がある。だからマネするのが吉。

「カテゴリー」で構造を示す話し方 VS 「数字」で構造を示す話し方

「大きく3つあります」と言っている コンサルタントはまだまだ未熟だ

コンサルタントとしての「最初の3年間」で最初の最初にまず身につけるものは、やはり「話し方」です。004と005の内容を既にマスターしている皆さんにあえて言うなら

コンサル話し方検定:初級

といった感じ。これを今回の006で、上級まで引き上げたいと思います。

それでは、先ほどの例を使って行きましょう。

趣味は大きく3つあります。

1つ目は「トライフォース大島の石毛先生に習ってる」ブラジリアン柔術。

2つ目は「月1回ほど気まぐれで描く」段ボールアート。

3つ目は「最近はやる機会が減り、見る専門になっている」麻雀。

です。特に、1つ目のブラジリアン柔術は石毛先生の指導もあり、週5で行くほどにまで生活・人生の中心になってきております。

この話し方は、「構造」が値よりも先にくる、まさに「構造」が主役の話し方でした。

あるいは違う言い方をすると、この話し方は構造を「数」で示す話し方とも言えます。

構造を「数」で示す、例えば「大きく３つあって」と言うことで、話す前から「３つの話が来るのね」と身構えさせる、聞き耳を立てさせる、キャッチャーミットを用意させることができます。

しかしながら、欠点もあります。それは

どんな話が来るか分からない。
どんなボールが来るか分からない。

これ。ここに進化のポイントがあり、そこを見事に改良したのが

「カテゴリー」で構造を示す話し方

となります。

実際に先ほどの例を、構造をカテゴリーにして進化させてみましょう。

> 趣味はアウトドア、インドア、それぞれあります。
> アウトドアは、ブラジリアン柔術。
> インドアは、段ボールアートと麻雀です。
> 特に、アウトドアなブラジリアン柔術は、トライフォース大島の石毛先生に習っております。

このように、カテゴリー＝アウトドア、インドアを使うことで、構造が「数」と異なり意味を持つため、「きっと、こういう

趣味が来るんだろうな」というのを聞き手に想像させることができますよね。

　実際、アウトドアと言えば「キャンプやサッカーなどの球技」を想像しているとは思いますが、想定と異なっていたとしてもロストしなくなります。

　例えば、この会話の続きとして、相手から次のように質問されたとしましょう。

高松さん、ブラジリアン柔術をされているんですね。そう言われてみるとガタイが良くなってますね。ブラジリアン柔術のどの辺が面白いのですか?

　対して、「数」で構造を示す話し方で答えるとこうなります。

> 　ブラジリアン柔術の面白いところは、大きく３つあります。
> 　１つ目は、「その練習時間の間、仕事どころか頭が真っ白になるほど」集中できるところ。
> 　２つ目は、「アンチが来ても、直接会って締めたらいいじゃん」と思えるほどに、精神的に強くなれるところ。
> 　３つ目は、「パーソナルトレーニングと異なり、筋トレと有酸素を同時にしていると思える」ほど鍛えられるところ。
> 　です。

　「数」で構造を示す以上に「柔術愛」を示しておりますが、次は先ほど伝授させていただいた、「カテゴリー」で構造を示す話し方で答えてみましょう。

> 　ブラジリアン柔術の面白いところは、精神面と肉体面、それぞれあります。

精神面では「集中でき、頭が真っ白になる」点と、「アンチに足を引っ張られなくなる」という点。肉体面では、「スパーリングで戦うことで体が鍛えられる」という点です。

という感じになります。

「精神面と肉体面」と、構造をカテゴリー／意味ある形で括ることで、これから話す内容を相手が想像しやすくなっていますよね。

どちらの話し方も日常で使い倒して、ぜひ身につけてください。

ちなみに、「構造」を示す話し方のことを、「構造」を「箱」に見立てて、僕は箱コミュニケーションと呼んでいます。

そして、

「数」で構造を示す話し方を「箱コミュニケーション 初級」。「カテゴリー」で構造を示す話し方を「箱コミュニケーション 上級」と整理しています。

ということで、皆さんも「箱コミュニケーション」マスターになりましょうぞ。

> ## 「大きく3つあって」の上位互換。 カテゴリーは 最強の構造なり。

007

論点バカ

VS

TASKバカ

アウトプットを作るプロセスは6ステップ。
暗記するならこれ

　響きがいい「ゼロ、ゼロ、セブン」にもってこいの大事な話をさせてもらいます。

　この「論点バカ」「TASKバカ」を見事に説明するには、まず理解してほしいことがあります。それは、

アウトプット（一旦、分かりやすくPowerPoint資料とする）を作るために「必ず」通らねばならないステップ。それが6つあるということ。

アウトプットを生み出す6ステップ

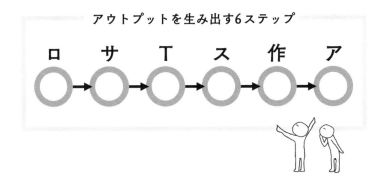

ロ	サ	T	ス	作	ア

　さて皆さん、上図を見てください。6つの○の上に「頭文字」だけ表記しておりますが、実はこのステップを理解しつつ（クオリティ

はさておき) 仕事ができていれば、「コンサル1年目は終了」という感じなのです。

さて、「頭文字」の意味は前ページの図にあるとおり、次のようになります。

論点 → サブ論点 → TASK → スケジュール → 作業 → アウトプット

まず論点をもらったら、論点を分解＝サブ論点を立てます。このプロセスが大事です。上司から、クライアントからもらった、はたまた「自分で定めた」論点をサブ論点に分解するプロセスになります。

例えば「より一層、柔術をうまくなるためには？」という論点を今、私が持っているとしましょう。石毛師匠の視点からすれば、「弟子であるタカマツをどうやったら、より上達させられるか？」となりますよね。その論点をもらった際に、論点を分解する＝サブ論点を立てるステップに入るのです。

例えば、次のような感じで分解する。

（A）タカマツは今、柔術をうまくなるためにどのような取り組みをしていて、スパーリングではどのようなパフォーマンスなのか？
（B）その上で、成長が鈍化している／もう一段成長を加速しきれない原因は？
（C）その原因を解消し、より成長するための打ち手は？

これがサブ論点になります。

「サブ論点を立てる」ことができたら、次は「T」ということで

TASKを立てます。分解した論点＝サブ論点毎にTASKを考えるのです。TASKをする（作業する）ではなく、TASKを設計するの意味ですからね。

「(A) タカマツは今、柔術をうまくなるためにどのような取り組みをしていて、スパーリングではどのようなパフォーマンスなのか？」を解くために、どんな作業をすれば良いのかを考えるわけですから、例えばこんな感じでTASKを練り上げていきます（抜粋になりますが）。

- 「タカマツ」の1週間の柔術および筋トレ、食事生活について、付き人をして調べる。
- 「タカマツ」のスパーリングの戦績と、可能であれば直近10回のスパーリングを撮影する。
- その上で、「タカマツ」とスパーリングした相手にインタビューを行う。
- （などなど）

今回は3つとしましたが、実際は10個でも20個でも「こんなTASKをした方が良いのでは？」を付け加えていきます。もちろん、サブ論点（B）、（C）についてもやっていきますよ。

ロとかサとか
英語のTまで出てきて
訳わからん

それがコンサル業界ってもんですわ

さて、ここまで［ロ→サ→T］ときました。TASKができたわけですから、次は「ス」、スケジュールを立てます。そのスケジュールを意識して、先ほど立てたTASKをこなしていく「作」、作業のステップに入ります。そしてその結果、「ア」、アウトプットができあ

がるわけでございます。

この6ステップの働き方こそ、「最初の3年間」で学んだことの中でもトップ3に入る、キーとなる学びとなります。

　このように、論点をもらった際に「サ＝サブ論点を立てる」を飛ばさずに行く頭の使い方・動き方ができている人を、良い意味で「論点バカ」と呼んでいます。一方で、TASKバカとは「サブ論点を立てる」ことを飛ばしてしまう人のことを指します。

　何か仕事をもらった時に「何も考えずに＝論点を分解せずに」、こんなTASKが必要じゃないか？と洗い出す。まさに作業まっしぐら。その結果、「期待とは程遠い」アウトプットを生んでしまう。本当に残念な話です。

　ですので皆さん、肝に銘じてください。

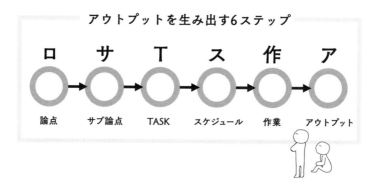

アウトプットを生み出す6ステップ

ロ	サ	T	ス	作	ア
論点	サブ論点	TASK	スケジュール	作業	アウトプット

　　「TASKバカ」から
　　脱却してください。
そして「論点バカ」に僕はなる。

008

論点スライド
VS
ワークプラン
VS
WBS

6つのステップ＋3つの成果物が、
あなたのビジネス力を非連続に進化させる

　アウトプットを出すための6つのステップ［ロ→サ→T→ス→作→ア］は、コンサル思考・お作法を根本的に理解する上で非常に重要です。そこで、今回のテーマに行く前振りとして［ロ→サ→T→ス→作業→ア］を皆さんのお仕事に馴染ませるために、やってもらいたいことがあります。

　それは、何か仕事をする時に

［ロ→サ→T→ス→作→ア］のどのステップをやっているかを考えた上で、その前のステップが飛んでないかをチェックする。

　これ。例えば、調べものの作業としてグーグル検索をしようと思った時に、「作」の前の［ロ→サ→T→ス］が飛んでないかをチェックしてほしいということですね。

　サブ論点を立てたっけ？ TASK設計したっけ？ スケジュールの段取りつけたっけ？という感じでチェックしてほしい。そうすることで、先ほどの「TASKバカ」にハマっていても気付くことができるからね。

　そして、皆さんの上に上司がいる立場であれば、さらに

［ロ→サ→Ｔ→ス→作→ア］のステップを進める度に チェックしてもらう

　ことになります。

　なおその際、ステップ毎に作るものはもちろん異なります。なので、その件について解説して、この呪文のような［ロ→サ→Ｔ→ス→作→ア］の話も一旦終わりにしましょうか。

　まず、論点をもらった後に「サ」＝サブ論点を立てる。簡単に言えば、論点をさらなる問いに分解することになります。論点を分解し、結果たくさんの問いが生まれ、それをまとめたものを作る。

　そして、論点を解くために「どんな問いを解けばいいんだ？」と問いかけつつ、PowerPointで誰かに見せるかのように書いたものが（Ａ）論点スライドです。自分の作業用にはWordでやることが多いので「論点ワード」と呼ぶこともあります。

　その上で、「サ」が終わったら、「Ｔ」＝タスクを設計することになります。だから、先ほどの成果物の「論点の集合体」である論点スライドに対して、その論点、サブ論点を解くために必要なタスクはなんぞや？を問いかけて作ったものが、（Ｂ）ワークプランです。

　さらに、「Ｔ」が終わったら次は「ス」＝スケジュールを組むことになる。そのTASKはいつまでに誰がやるんだ！と問いかけて作ったものが、（Ｃ）WBS（ワーク・ブレイクダウン・ストラクチャー）となります。

アウトプットを生む6ステップと3つの成果物

論点	サブ論点	TASK	スケジュール	作業	アウトプット

論点スライド
・論点＋サブ論点で構成　Ａ

ワークプラン
・タスクをメインに
　論点＋サブ論点も記載　Ｂ

WBS
・タスク＋
　スケジュールで構成　Ｃ

このように、働き方のステップと、そのステップで生み出される
成果物をセットに規定することで、行動は変えやすくなるのです。

> # まずはプロセス。
> # そして成果物の項目を重視して
> # 働き方を変える。
> # その後に、中身/質を上げていくことを
> # 論点にする！

009

答えの無いゲーム
VS
答えのあるゲーム

皆さんは知らぬ間に「答えのあるゲーム」の戦い方をしてしまっている

　僕の著書を何かしら読んだことがある方は「はい、はい、はい、答えの無いゲームの話ね」となるでしょうが、やっぱり大事だし、本当に「苦手」な方が多いので、ここできっちりと語っておきます。

　皆さんの仕事は「答えが無い」からこそ、皆さんにその仕事が割り当てられ報酬をいただけている。しかしながら、通常、社会人になるまでは「正解（答え）がある」ことを前提としたことで評価されてきた。その代表例が「試験」ですよね。

　受験勉強のほとんどに「正解」があり、その「正解をいかに出すか？それも効率的に！」という、まさに

「答えのあるゲーム」に溺れてきた

　わけです。

　でも、ビジネスとなると話が変わってくる。

　ということで、今までやってきたような「解答解説ありき」の動き方ではダメなのですよ。では、どうすれば良いのかと言えば、こうなります。

解答が用意されてるからこそ俺は頑張れる

52

> **「答えの無いゲーム」の戦い方・3ルール**
> ①「プロセスがセクシー」＝
> 　セクシーなプロセスから出てきた答えはセクシー
> ②「2つ以上の選択肢を作り、選ぶ」＝
> 　選択肢の比較感で、"より良い"ものを選ぶ
> ③「炎上、議論が付き物」＝
> 　議論することが大前提。時には炎上しないと終われない

　つまり、皆さんが出した「回答」だけを見て「正しい／間違っている」を判断することはできません。なぜなら、答えの無いゲームだからです。

　だからこそ、簡単に言えば

こんなセクシーすぎるプロセスを通って作ったアウトプットなのだから、セクシーに決まっているでしょ！

　と考えるし、考えるしかないということなのです。だからこそ、だからこそプロセスを磨く必要があり、先ほどから呪文のように言っている ［ロ→サ→T→ス→作→ア］ を忠実に守り、その導入に出てくる成果物も丁寧に丁寧に、Ａ論点スライド、Ｂワークプラン、Ｃ WBSを必ず作らねばならないということなのだ。

　さて、仕事のスタンス・進め方として、ちゃんとしたプロセスを通過した上で答えが無いのだから、決め手になるのは「比較感」です。よって、2つ以上の選択肢を無理やりにでも作らねばならないといっても過言ではない。

　例えばですが、「Ｂワークプラン」を作る際にも、思いついた1つのタスクに飛びつくのではなく、

**こういうタスクでこの論点はつぶせるかな。
他でやるとすると、こうもできるね。
どっちがいいだろうか?**

　と選択肢を2つ以上作り、選択しなければいけません。何せ正解が無いのだから、比較することで「あっちよりはこっちのほうが良いとベターを選ぶことで、答えへの信憑性を上げる」しかないのです。

　では、最後に3つ目の戦い方。

　議論、炎上をして初めて、このプロセスが終わる。

**[ロ→サ→T→ス→作→ア→D]
D=ディスカッションしようぜ!**

　これですね。上司と議論する、ここまではセットなのです。

　だから、何か上司からお願いされて、仕事終わりにでき上がったPPTを添付して、メールに「ご査収お願いします」などと書いてはいけないのだ。「ご査収願います」には、「議論をしましょう」感がゼロ。むしろ、「アウトプットのその後は、上司にお任せしました。僕は帰ります」感がすごいですよね。

**[ロ→サ→T→ス→作→ア→D]
このたった1行に、
多くの意味を込めています。**

010

3つ以上並んだら「順番」に意味を

VS

ただただ並べる。なんとなく

頭の使いどころの一つ一つを
丁寧に覚えることが成長を加速させる

さぁ、栄えある10個目！

本書は「コンサルの最初の3年間＝99項目」という構成ですから、これで大体10分の1が終わったことになりますよね。つまりは、「3か月」を過ごした感じの成長となります。

さて、010はさらっと行きますよ。

タイトル通りではありますが、文章でも話し方でも何か「3つ以上」のことを伝える時は、その「順番」に気を使わなければなりません。

例えば、「コンサルタントとして成功するためには、何が必要だと思いますか？」と質問を受けた時に、何気なく何も考えずに「それは、頭の使い方のセクシーさ、体力、チャームの3つです」と答えてはダメなのです。もし、それを言おうものなら

ごめん、ごめん、ごめん。
あのさ、それって何順、何の順番に伝えたわけ？

などと詰められてしまうでしょう。

005でやった「構造」を示す話し方にもつながるのですが、何かを伝える時に何かしらの順番で語ることで、それが「構造」の役目を果たし、聞き手により伝わりやすくなりますし、頭に残る効果も出てきます。

先ほどの話であれば、頭の中で「頭の使い方のセクシーさ、体力、チャームの３つを言おうかな」と考えた上で、もう癖として何順で話そうかな？と思考を回しつつ、こう答えるわけです。

それは、頭の使い方のセクシーさ、チャーム、体力の３つです（その３つの中でも大切な順番で）。

* ( ) の中は心の声

スライドで描いた時には特段、それを明記することがMUSTではありません。でも、そのスライドでプレゼンする時には、「こういう順番で上から並んでおりまして」と補足した上でプレゼンできることが大切なわけです。

ほんと、微に入り細に入りという感じですよね。だから、皆さんも今日から習慣化しましょう。３つ以上並んだら、「順番」に意味を！

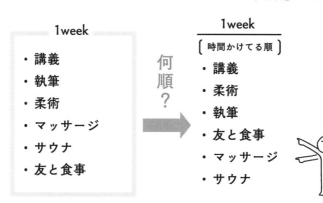

そういうところでも思考が回るなら
大きな部分では、それ以上に回る。
これが必ず相手に伝わります。

頭の中で「1万」×「1万」＝1億
VS
電卓を使いたい、いや使う

入場料が5千円で、昨日は5万人、今日は13万人来た。売上はいくら？がパッと計算できるだろうか？

　突然ですが、皆さんは010を読んでちゃんと違和感を持てただろうか？

　そう、この部分を読んで。

　本書は「コンサルの最初の3年間＝99項目」という構成ですから、これで大体10分の1が終わったことになりますよね。つまりは、「3か月」を過ごした感じの成長となります。

　違和感を持てていれば、数字に強い。だから、この011はルンルン気分で読んでいただきたい。

　さて、実際に計算してみると分かりますが、「3か月」ではなく「3.6か月」です。なので、数字に強い人ならパッと、

「3か月」というよりは、「3.6か月」だよね。

　このように思えたはず。そして思えた人こそ、「数字に強い人」ということになります。ちなみに、数字に強い人にこの質問をしてみたら、すかさずこう返ってきました。

うるう年って考えない？
ざっくり111日分！

これぞ、数字に鬼強い人。そして皆さんも、ここまでは行かないにしろ、それなりに強くなりたいはず。

であれば、そのやり方をお教えしましょう。

まずは1つ、クイズでございます。

> とあるテーマパークに、1日につき10万人が入ります。チケット代は1万円。さて、1日の売上はいくらでしょう？

もちろん、答えは「10億円」ですが、桁の計算ってなかなかややこしいですよね。実はこの時、たった1つだけ覚えていればいい！という公式があります。それが、

1万×1万＝1億

これさえ覚えておけば十分なのです。練習してみましょうか。

> とあるラーメン屋さんは年間、30,000杯を売り上げるという。1杯のお値段は1,000円。さて、年間売上はいくらでしょうか？

答えは「3,000万円」になります。

「30,000」×「1,000円」を、先ほどの「1万×1万＝1億」を括りだせばいいわけですから、「3」×「1万」×「1万」÷「10」＝3億円÷10＝3,000万円となりますよね。このように、慣れれば簡単になります。

何か会議で売上高を出す時には、電卓などに頼らず頭の中で計算できれば、議論の良いリズムを生むことができますよ！

> 電卓使うなんてダサくね？
> と胸を張って言えるように
> 数字に強くなってしまいましょう。

012

分かりっこない数字も何とかする
VS
分からないものは分からないから諦める

未知の数字を常識・知識を基に
ロジックで計算する世界へようこそ

コンサルタントは嫌われてる側面も大いにありますが、「お願いすれば、何でも明日にはアウトプットしてくれる集団」という見方をしてくださる方も多い。ありがたいことであり、だからこそ絶対値的に高いコンサルフィーをいただき、アウトプットと比べたら "お安い" と思われる努力ができるわけですよ。

とはいえ、そんな「お願い」の中でもとりわけやっかいなものがあります。

それは、

未来予測であり、未知の数字。

これ。
例えば、

> ・今、我々が戦っている市場は、3年後にはどのような形に変容していると考えられるか?
> ・ある新商品をローンチすることになるが、そもそも、その新商品が取り得る市場はどのくらいの規模があるか?

こんな感じに、「おいおい、そんな数字、調べてもあるわけないだ

役に立つから読んでみ！

ろ！」と言いたくなることを平気な顔でお願いしてくるのがクライアントの鞭であり、愛である。

　そんなことをお願いされた時、一瞬でも気を抜くと

分からんもんは分からないから諦めましょうよ。

　と言ってしまいそうですが、そこで「分かりっこない数字も何とかする」というコンサル思考が登場します。それが何かと言えば、もちろんあれですよ。あれ。そう、フェルミ推定の技術でございます。

　定義を先に書いておくと、

> フェルミ推定
> ＝「未知の数字」を、常識・知識を基にロジックで計算すること

　こうなります。グーグル先生に聞いても全く出てこない数字を、まさに「考える技術」で何とか出すのがフェルミ推定なのですよ。

　例えば、次のようなシチュエーションをイメージしてください。

> 　あなたは、最近流行りのスポーツジム事業を始めようか迷っています。
> 　だから、そもそもどのくらいの売上が立つものなのかを知りたい。そこで、「表参道にあるスポーツジムの売上だけを推定してほしい」とコンサルタントに頼むわけ。

　クライアントであるアナタにしてみると、「分かったらメチャメチャ嬉しいけど、教えてくれるわけないか」的な数字となりますよね。

　それを「思考技術」で弾き出すのがフェルミ推定。

　フェルミ推定の技術を駆使すれば、「確からしい数字」を算出することが可能！

　「分かりっこない数字も何とかする」というメンタリティ！

　さて、さくっと回答を載せておきましょう。

> 表参道にあるスポーツジムの年間売上
>
> ＝[1店舗の会員数]×[月会費]×[12か月]
>
> ＝[延べ利用者数]÷[利用頻度]×[月会費]×[12か月]
>
> ＝[スポーツジムのキャパシティ]×[回転数]×[月間営業日数]÷[利用頻度]×[月会費]×[12か月]
>
> という感じで因数分解をしていきます。その上で、数字を入れていくと次のようになります。
>
> ＝[100人]×[3回転]×[20日]÷[月4回]×[1万円]×[12か月]
>
> ＝1.8億円
>
> 仮に回転数が3分の1だとして、6,000万円！

　もちろん、事実「分かりっこない数字」ですので推測の域を出ませんが、ビジネスを検討する上では十分な数字として扱うことができます。

　実に面白いですよね。ちなみに、「フェルミ推定」を少し知っている方向けにあらためて012のタイトルを付けるとしたら、次のようになります。

012：「フェルミ推定」はビジネスの武器となる
VS「フェルミ推定」はケース対策向け

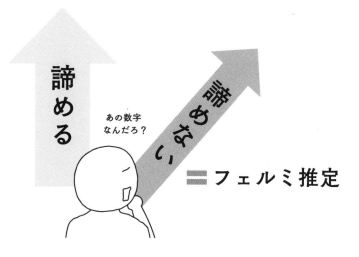

　なお、「ケース対策＝コンサル転職の際のテストのためのもの」と誤解している人もいると思いますが、そんなことはありません。だからぜひ、本書を読み終えたら次は僕の著書である『フェルミ推定の技術』と『フェルミ推定から始まる問題解決の技術』を読んでみてください。普通にビジネススキル書として超使えますから！

僕の著書『フェルミ推定の技術』。
通称「黄色本」も
併せて読むのが吉です。

評価基準・評価結果
VS
メリット・デメリット

メリット・デメリット＝通称「メリ・デメ」って使ってない？

　今回のVSタイトルを見た時に、「確かに、メリット・デメリットの概念は使っちゃダメだよね」と思えた人は素敵です。

　しかしながら、あまりにメリット・デメリット、通称「メリ・デメ」が一般化しすぎて、思わず使っている人も多いでしょう。実際、コンサルタントでも使ってる人が多い。さらに言うと、すこぶるダサいことにメリット・デメリットを、わざわざ相手に伝わりにくく変化させた

プロ・コン（=Pros and Cons）

とか言ってくるから、コンサルタントが嫌われるわけですよね。

　さて、今回のVSを理解する上で、実際にスライドを書いてみると分かりやすいのでそれをお見せします。

　例えば、とあるカップルが旅行に行くとして、そして「博多に行くか、ハワイに行くか」で迷っていたとして。コンサル1年目である彼が彼女に対して「あー、比較でしょ。プロ・コンで考えればいいよね。スライド書くから、ちょっと待ってて！」と、意気揚々と叫んでどこかへ行ってしまったとしましょう。

ここで、皆さんも「メリット・デメリット」にて整理してみてください。内容というよりスライドフォーマットに注目して考えてみると、図のようになります。

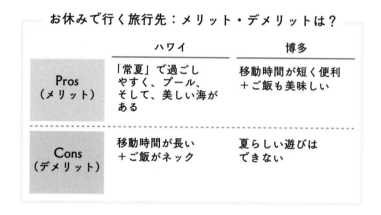

お休みで行く旅行先：メリット・デメリットは？

	ハワイ	博多
Pros（メリット）	「常夏」で過ごしやすく、プール、そして、美しい海がある	移動時間が短く便利＋ご飯も美味しい
Cons（デメリット）	移動時間が長い＋ご飯がネック	夏らしい遊びはできない

そうなんです。図のような感じでスライドを書いてしまいがちなんですが、これには大きな問題があるのです。それは何かと考えつつ、次の図を見てみてください。

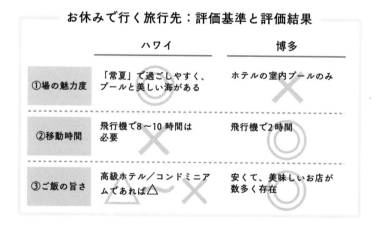

お休みで行く旅行先：評価基準と評価結果

	ハワイ	博多
①場の魅力度	「常夏」で過ごしやすく、プールと美しい海がある	ホテルの室内プールのみ
②移動時間	飛行機で8〜10時間は必要	飛行機で2時間
③ご飯の旨さ	高級ホテル／コンドミニアムであれば△	安くて、美味しいお店が数多く存在

両者の何が違うのか、一目瞭然ですよね。

そうなんです。

プロ・コンは「評価基準」が埋もれてしまっている。
一番大事な「評価基準」が埋もれている!

　何かを比較する時に最も大事であり頭を使うべきことは、紛れもなく「評価基準」なのに、それが括りだされていないのです。

　プロ・コンがいかに使えないものなのか、ご理解いただけましたでしょうか?

> メリ・デメやプロ・コンを見たら
> 怪訝な顔をして教えてあげましょう。
> 「違いますよ」と。

「たかが」構造化

VS

「されど」構造化

世の中は「構造化」「MECE」を
過大評価しすぎている。ほんとにまったく

コンサル「最初の3年間」で間違いなく言われるのがこちらです。
構造化、MECE。

おそらく皆さんは、「構造化、MECEというのは大事だよ！」み
たいな話だと想像していると思いますが、実は真逆の話です。わ
くわくしながらお読みください。

まずは、「構造化、MECE」とはどんな奴らなのかをさらりと説
明しましょうか。

「構造化」＝同じ「粒度」のものを括ること。
「MECE」＝「漏れなくダブりなく」という思考チェッ
クツールの1つ。

このようになります。
使い方は以下の通り。

久しぶりに友人と食事をしていると、コンサルタントの鈴木
君が酔った勢いで相談してきました。何事かと思ったら、
「俺ってモテないんだけど、何が原因だと思う？」などと言う。
そこで、言いにくいけど酔いの勢いで正直に伝えようと思い、
鈴木君の目の前で、テーブルに置いてあるナプキンペーパーに

箇条書きで次のように描き始めます。

鈴木君がモテない原因は？
・ケチ
・髪の毛がぼさぼさ
・ズボンが謎の七分・くるぶし丈
・土日はゲームばかりしている
・お会計が常に割り勘

　すると、コンサルタントな鈴木君は涙目で「構造化してみてくれませんか……あと、MECEじゃないですよね」などと言う。
　そこで、「じゃあ整理しておくね」と再び描き始めました。

鈴木君がモテない原因は？
●性格
　▷ケチ
　　◇お会計が常に割り勘
　▷コンサルタントっぽい
●見た目
　▷髪の毛がぼさぼさ
　▷ズボンが謎の七分・くるぶし丈
●ライフスタイル
　▷土日はゲームばかりしている

　ダブっていた部分をまとめたので、これでOKだよねと思い、おもむろに前を向くと鈴木君は泣いていた。

　以上、こんな感じで使うことになります。皆さんも想像した通りでしょう。

それではもう1つ、違ったやり取りを見ていただきたい。

> 久しぶりに友人と食事をしていると、コンサルタントの鈴木君が酔った勢いで相談してきました。何事かと思ったら、「俺ってモテないんだけど、何が原因だと思う？」などと言う。そこで、言いにくいけど酔いの勢いで正直に伝えようと思い、鈴木君の目の前で、テーブルに置いてあるナプキンペーパーに箇条書きで次のように描き始めます。
>
> 鈴木君がモテない原因は？
> ・ケチ
> ・髪の毛がぼさぼさ
> ・ズボンが謎の七分・くるぶし丈
> ・土日ゲームばかりしている
> ・お会計が常に割り勘
>
> すると、コンサルタントな鈴木君は涙目で「構造化してみてくれませんか……あと、MECEじゃないですよね」などと言う。

それって整理でしょ？
構造化って、それによって「伝えやすく」なるかもだけど、原因が増えたりしませんよね？

> 「た、確かに。ごめんなさい。いつものコンサルの癖で……」

MECEも同じだよね。漏れなくダブりなく？
まず、ダブりなくは同じ「伝わりやすさ」だよね。
同じことを言うと混乱するし、これも内容は増えてないよね？

> 「じゃ、じゃあさ。MECEで漏れなくというのは、一利ある
> よね？」
>
> ## でもさ、「漏れてませんか？」って言われて、「あ、
> ## 漏れてました！」とはならないよね。
> ## 世の中で最も意味の無いインプットだよね？
>
> おもむろに前を向くと、違う意味で鈴木君は泣いていた。

　この2つのストーリーの「差」こそ、今回、皆さんに学んでもら
いたいこと。このストーリーを1行でパキパキと表したのが、次の
VSとなるわけです。

　「たかが」構造化　VS「されど」構造化

　構造化とかMECEなんてものは、何も生んでいない。「たかが」
整理しただけ。だったら、そこに注力しても仕方がないでしょう。
もっと他に思考を巡らせるところはあるし、「整理こそがコンサル思
考だ！」みたいなのはダサいぜよ、ということなのです。

　過分な「構造化、MECE」の執着は無価値です。あくまで「整理」
なのだから、より伝わりやすくするために構造化やMECE（特
に、ダブりなく）が存在する。これを忘れないようにしてくださ
いね。

構造化だ！構造化だ！と
何かにつけて叫んでいる人に
優秀な人はいません（言い過ぎ）。

材料（インプット）
VS
成果物（アウトプット）

「構造化」よりも大事なこと。
それは「思考を進化させるための材料」だ！

　014で登場した「泣いてしまった鈴木君」ですが、彼は一体どうしたら良かったのでしょうか？

　では、その正解の会話をご覧ください！

　久しぶりに友人と食事をしていると、コンサルタントの鈴木君が酔った勢いで相談してきました。何事かと思ったら、「俺ってモテないんだけど、何が原因だと思う？」などと言う。そこで、言いにくいけど酔いの勢いで正直に伝えようと思い、鈴木君の目の前で、テーブルに置いてあるナプキンペーパーに箇条書きで次のように描き始めます。

鈴木君がモテない原因は？
・ケチ
・髪の毛がぼさぼさ
・ズボンが謎の七分・くるぶし丈
・土日ゲームばかりしている
・お会計が常に割り勘

　すると、コンサルタントな鈴木君は笑顔でこう返してきた。

> # ありがとう！
> # もう少しインサイトが出るように材料を渡すね。
>
> なんだ、分かっているじゃないか鈴木君。
> そしてこの後、鈴木君は「なぜモテないのか？」の原因を
> 50個ほど羅列された紙を握りしめ、帰っていったのであった。

「材料を渡すね」

まさに、この発言に全てが込められています。

構造化やMECEに価値はありません。そんなこととしても、議論は先に進みません。

ではここで、さらに理解を深めるために、そもそも「コンサルが何をやっているのか？」について説明しながら、「材料が命」感をつかんでいただきたいと思います。

コンサルは何をやっているのか？：1枚図解

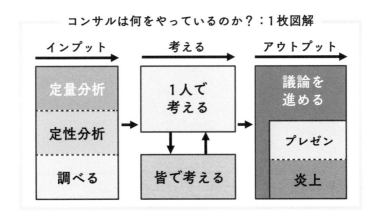

図を見てください。簡単に言えば、

インプットをして、考えて、アウトプットをする。
良いインプットが無いと何も始まらない。

良いインプット＝材料が大事であり、アウトプット＝成果物は二の次だということになるわけです。これって、ミシュラン一つ星のお鮨屋さんでも同じことが言えますよね。

もちろん、「考える」に当たる「大将の腕前」は一流ですが、それ以上に「インプット」に当たる「ネタ/仕入れ」は当然、超一流である。

　では再度、図をご覧ください。皆さんの仕事も基本、この３つで構成されております。

　ですので、インプットをいかに作るかが大事なのですが、皆さんも仕事を始めると頭を使い、何か鋭いことを言ってやろうとか、それこそ新しい新規事業のアイデアをズバッと提言してやるぞ！と意気込む。まさに、軸足を「考える」や「アウトプット」に置いてしまうのです。

　そもそも、インプット＝材料作り＝雑用？と思ってしまう。逆に言えば、その意識が無くなり「材料作りこそが、アウトプットの質と量を決める」と認識できれば勝ち。

　つまり何が言いたいのかというと

材料に愛を！

何かを生み出すには
材料が命。
アウトプットに重心かけすぎたら
ひっくり返されますよ。

016

議事メモ
VS
議事録
VS
発言録

議事録進化論！
あなたはちゃんと書けているのか？

事業会社でも、もちろんコンサルティングファームでも、若手／ジュニアメンバーに対して上司から、マネージャーから言われるのがこれ。

議事録、書いてください。

ビジネスを進める上で欠かせないのが議論。そして、議論をした結果をちゃんと書き留め、全員に配り、共通認識を持たせることが大事なのは言うまでもありません。

でも、ちゃんと議事録を書ける人は少ない。それは、議事録が「3種類」あることを認識していないからです。

逆に考えれば、ちゃんと書ければ全てのビジネスパーソンにとって武器になります。

なぜなら、この議事録こそが「材料」だからです。それも、グーグル先生で探しても当然無い、お金払っても買えない唯一無二の「材料」、思考を進化してくれるインプットとなるからです。

それでは、3種類の議事録について説明していきましょう。

3種類はそれぞれ違う名前を持っています。

1種類目は発言録。

発言録を書く際の論点は、ずばりこれになりますよね。

誰が何を言ったのかを、漏らさずに書き起こしているかどうか。

　ただただ、目の前で繰り広げられている会議の発言を文字に落としていく。ただただ、発言をメモるわけです。

　2種類目は議事録。

　これは狭義の議事録です。ただただ発言を落とした「発言録」が3つのポイントで進化したものを、「議事録」と呼びます。

◎1つ目の進化：構造化、MECE（特にダブリを無くす）

　まさにこういう時に登場するのが、「たかが」構造化、MECEでございます。

　1時間のミーティングであれば、数えるのが怖いほどの発言数となる。ですので、同じテーマは纏めるとか、議論に関係無い話を削除したり、それこそ発言の意図を崩さないように「文体」を直す等を行うことになります。

　まさに、「たかが」構造化、MECEですよね。

　読みやすく、伝わりやすくなったけど、質は変わっておらず、価値は変わっていないことをイメージしておいてください。

◎2つ目の進化：「ネクストステップ」を括りだす

　会議は何らかの目的から開かれます。もちろん、「報告するだけ」というポンコツすぎる会議もありますが、会議とは、議論し意思決定し、モノゴトを前に進めるためにあるのです。故に、議事録にバシバシに書くべきことは「決まったこと×決まらないこと＝ネクストステップ」となります。

◎3つ目の進化：その場の「空気感」を加味する

　3つの進化の中で最も難しく、価値が高いのがこれですよね。

会議で生み出される「材料」は発言だけではない。

　文字に落とすわけではないが、ある発言に対して「対面にいる社長は怪訝な顔をしていた」とか、ある発言に対して「間髪入れずに発言した」など、その場の「空気感」を合わせて伝えないと、議事録を読んだ人に正しく伝わらない場合があります。

　議事録だけが、「発言」だけが一人歩きしてしまう。これは非常に怖い。

　例えば、会議で「それには反対です」いう発言があったと書かれていたとして、誰かの発言に対して間髪いれずに怒った顔で「それには反対です」と言ったのか、あるいは、発言を求められて「どうだろう？あえて言えば」みたいに悩んだ顔で「それには反対です」と言ったのか。

　両者は大きく異なりますよね。「空気感」を加味して議事録に記載するなら、

　「それは（絶対に）反対です」VS「あえて言えば、反対です」

　という視点で書き分けたほうが、会議での議論を投影した良い議事録になります。

　さて、実はここまでが、僕も以前は "何となく" 理解していた「議事録の世界」である。そして実は、この先にもう1つ、崇高な「議事録」が存在します。

　そう、

3種類目＝議事メモ

　です。名前自体はグレードが落ちた感じもしますが、3種類目にして議事録界のキングとなります。

さて、2種類目の議事録から進化したポイントが3つあります。

> 1つ目の進化：「構造化」を論点ベースで行う
> 2つ目の進化：「仮説の進化」に力点を置く
> 3つ目の進化：「ネクスト論点」までも書かれている

コンサル界隈では、「議事メモ」は狂気の沙汰と思える拘りという位置付けです。それは、単なる「議事録」ではなく、進化に進化を遂げたものだからです。殺傷力＝ビジネスを前に進める威力もあるのが議事メモだからです。

では、それぞれの進化について簡単に補足していきましょう。

◎1つ目の進化：「構造化」を論点ベースで行う
2種類目の「議事録」も、発言録から「構造化、MECE」をして進化を遂げました。さらに「議事メモ」においても、もう1段、いや13段くらい高いレベルでの「構造化」をすることになります。

言ってみれば、論点ベースでの構造化です。

（狭義の意味での）2種類目の議事録で出現した構造化は、あくまで「事後」。その会議で繰り広げられた結果をただただ無味無臭で整理する構造化でした。

そして、その上を行くのがこの「論点ベースでの」構造化。

参加者（少なくともファシリテーター）が事前に持っていた議論したいこと＝論点ベースに構造化してあげる。これが、1つ目の進化ポイントとなります。

例えば、僕は柔術を強くするために、石毛先生と、青帯の内田さん、白帯の永澤さんと3人で議論を1時間しました。その結果を、広義の意味の議事録に残そうとしたとします。当然、説明してきた通り、3種類＝発言録、議事録、議事メモとあるわけです。

これを、「構造化」という意味で違いを整理すると、次のようになります。

　発言録＝「時系列」で構造化

　議事録＝「話しているテーマ」で構造化

　議事メモ＝「議論前に立てた論点ベース」で構造化

　今回の第3進化形態の「議事メモ」で整理する時は、下記の論点構造を利用して構造化することになるわけです。少しだけ書き方も併せて見せておきますね。

議事メモ－「論点ベース」で構造化

　「弟子であるタカマツをどうやったら、より上達させられるのか？」

（A）タカマツは今、柔術をうまくなるためにどのような取り組みをしていて、スパーリングではどのようなパフォーマンスなのか？

●平均で週3回、多い時で週6回柔術レッスンを受講しており、一般的な初心者に比べては多く、最高の成長が狙える量を担保

　－「大抵の生徒さんは週1,2回練習に参加されるのが精一杯なので、高松さんの練習量は頭1個どころか2,3個抜けてます」（石毛先生）

　－「たしかに高松さん、行ったら必ずいますよね。でも、僕もその位は練習しているので、どのくらい多いんですかね？」（内田さん）

●スパーリングも「形」にはなっていると思われるが、当然、「粗」は散見

　－「内田さんと高松さんのスパーリングを見たが、スパイダーガードの手の処理など、まだできてい

ないというか、知らないんだろうなと思って、ア
ドバイスの声かけをした覚えあります」（永澤
さん）

（B）その上で、成長が鈍化している／もう一段成長を加速
しきれない原因は？
●典型的な「筋力頼り」になっているのが最大の原因
ではないか
ー「筋力があるのは悪くはないが、例えばスパーリ
ングで相手に抑え込まれた時に、覚えた技を使わ
ないで相手をバーベルを上げるようにひっくり返
すことが多い。技で相手を制するのではなく、筋
力で相手を制することができてしまうので、中々
技を覚えられない。筋力がある生徒さんによくあ
るんです」（石毛先生）
●何かにつけて「隙間がある」のが根本原因
ー「スパーリングの時に相手の手足の動きを制して
技を掛けていく、動いていくことが大事だが、相
手の手足を制する前に高松さんは動いてしまうの
で、動くと隙ができて、攻撃を仕掛けたらカウン
ターの攻撃を受けてしまう」（石毛先生）
ー「サイドコントロールの時に、特に隙間が空いて
いる」（石毛先生）

（C）その原因を解消し、より成長するための打ち手は？
●技、体の動きを丁寧に、焦らず、自分のポジション
の時は特に
ー「初心者は何かとガチャガチャする。焦る。そう
すると、できていることも雑になってしまう。高

> 松さんは自分のポジションを取っている時も焦って、余計な動きで隙を作っていることが多いので、自分の有利なポジションを取ったらまずは隙間を無くして落ち着くことが大事」（石毛先生）
> － 「考えるエンジンを教えているのに、スパーリングになると考えないエンジンになってますよね」（石毛先生）
> － 「負けたくない→クローズドガードを固める」ではなく「負けてもいいじゃん→新しい技をかけてみる」とすべき（石毛先生）

　こんな感じで、論点を構造として書いていけばいいのです。

　そして内容については、1行目に「メッセージ＝どういうことが分かったか？」を書き、その下に「その根拠となる発言＝なぜ、そう言えるか？」を補足するのが一般的かと思います。

◎2つ目の進化：「仮説の進化」に力点を置く。

　1つ目の進化だけでも大きく変わる。そして、ここからさらに進化を遂げます。

　事前に議論すべきポイントを立てました。おさらいすると、次のようになります。

> （A）タカマツは今、柔術をうまくなるためにどのような取り組みをしていて、スパーリングではどのようなパフォーマンスなのか？
> （B）その上で、成長が鈍化している／もう一段成長を加速しきれない原因は？
> （C）その原因を解消し、より成長するための打ち手は？

79

問いがあるわけですから当然、その時点で「こんな感じの答えかな？」という仮説を何かしら持っています。特に、大事になってくる（B）の原因部分に持つことになりますよね。

（A）タカマツは今、柔術をうまくなるためにどのような取り組みをしていて、スパーリングではどのようなパフォーマンスなのか？
　　●（省略）
（B）その上で、成長が鈍化している／もう一段成長を加速しきれない原因は？
　　●股関節が硬いことが、影響が出ているのではないか？
　　●まだ習っている技が少ないからではないか？
　　●スパーリングの仕方が間違っているのではないか？
（C）その原因を解消し、より成長するための打ち手は？
　　●（省略）

こんな感じで原因仮説を持って会議に臨んでいるわけですから、それをハイライトする形でまとめていけたら最高なわけです。
　では、先ほどのメモを進化させちゃいましょうか。

議事メモ－「論点ベース」で構造化＋「仮説の進化」に力点
「弟子であるタカマツをどうやったら、より上達させられるのか？」
（A）タカマツは今、柔術をうまくなるためにどのような取り組みをしていて、スパーリングではどのようなパフォーマンスなのか？
　　●平均で週3回、多い時で週6回柔術レッスンを受講しており、一般的な初心者に比べては多く、最高の成長が狙える量を担保

- 「大抵の生徒さんは週1,2回練習に参加されるのが精一杯なので、高松さんの練習量は頭1個どころか、2,3個抜けてます」（石毛先生）
- 「たしかに高松さん、行ったら必ずいますよね。でも、僕もその位練習しているので、どのくらい多いんですかね？」（内田さん）

●スパーリングも「形」にはなっていると思われるが、当然、「粗」は散見

- 「内田さんと高松さんのスパーリングを見たが、スパイダーガードの手の処理など、まだできいないというか、知らないんだろうなと思って、アドバイスの声かけした覚えあります」（永澤さん）

（B）その上で、成長が鈍化している／もう一段成長を加速しきれない原因は？

●当初は「股関節の硬さ」「技の数の少なさ」が原因と思われたが、そこではない

- 「たしかに股関節の柔らかさは大事。しかし、柔術は人それぞれの特性に合わせた技があるのも特徴の1つであり、高松さんは確かに硬いが、そこが本質的な原因ではない」（石毛先生）
- 「技の数が少ない？今から、自分が習った技を言ってみ？」（石毛先生）

●スパーリングのやり方は間違ってないが、「心持ち」にズレ

- 「スパーリングをする度に成長のための宿題を持って帰る意識は素敵だが、"いかに負けないか？"になってしまっていて論点がズレている」（石毛先生）

●典型的な「筋力頼り」になっているのが最大の原因で

はないか

- 「筋力があるのは悪くはないが、例えばスパーリングで相手に抑え込まれた時に、覚えた技を使わないで相手をバーベルを上げるようにひっくり返すことが多い。技で相手を制するのではなく、筋力で相手を制することができてしまうので、中々技を覚えられない。筋力がある生徒さんによくあるんです」（石毛先生）

●何かにつけて「隙間がある」のが根本原因

- 「スパーリングの時に相手の手足の動きを制して技を掛けていく、動いていくことが大事だが、相手の手足を制する前に高松さんは動いてしまうので、動くと隙ができて、攻撃を仕掛けたらカウンターの攻撃を受けてしまう」（石毛先生）
- 「サイドコントロールの時に、特に隙間が空いている」（石毛先生）

（C）その原因を解消し、より成長するための打ち手は？

●技、体の動きを丁寧に。焦らず、自分のポジションの時は特に

- 「初心者は何かとガチャガチャする。焦る。そうすると、できていることも雑になってしまう。高松さんは自分のポジションを取っている時も焦って、余計な動きで隙を作っていることが多いので、自分の有利なポジションを取ったらまずは隙間を無くして落ち着くことが大事」（石毛先生）
- 「考えるエンジン教えているのに、スパーリングになると"考えない"エンジンになってますよね」（石毛先生）

> ─「負けたくない→クローズドガードを固める」では
> なく「負けてもいいじゃん → 新しい技をかけてみ
> る」とすべき（石毛先生）

　以上、こんな感じで、事前に立てた「仮説」の進化が見てとれる
ようにすると、付加価値が増しますよね。ただただ議論を見返すた
めの役割から大きく飛躍し、仮説検証の証拠にまでなり得る。

　だから議事メモを大事にするし、すべきなのです。

◎ 3つ目の進化：「ネクスト論点」までも書かれている

　これが最後の進化になります。2種類目の「議事録」も、発言録
から「ネクストステップを括りだす」をして進化を遂げました。今
度はさらに、ネクストステップではなく、

　ネクスト論点＝「次に」解くべき問いは何か？

　まさに、この話につながってくる話でございます。

　［ロ→サ→Ｔ→ス→作→ア］

　こうして繋がってくると仕事がうまくなります。ところで、ネク
ストステップとはTASKなので、その前には必ず［論点（→サブ論
点）］が存在する。故に、書き示せるなら［論点］のほうが美しいで
す。論点を捉えていればTASKを自在に生み出せる。怖いのは「ぱっ
と出たTASKだけを捉えて次のステップにすると、ズレる可能性が
高い」という点ですからね。

　それでは最後に、こちらを見てさらに理解を深めてくださいませ。

> 議事メモ－「論点ベース」で構造化＋「仮説の進化」に力
> 点＋「ネクスト論点」を追記
> 「弟子であるタカマツをどうやったら、より上達させられるのか？」
> （Ａ）タカマツは今、柔術をうまくなるためにどのような取り
> 　　　組みをしていて、スパーリングではどのようなパフォー

マンスなのか？

●平均で週3回、多い時で週6回柔術レッスンを受講しており、一般的な初心者に比べては多く、最高の成長が狙える量を担保

  −「大抵の生徒さんは週1,2回練習に参加されるのが精一杯なので、高松さんの練習量は頭1個どころか2,3個抜けてます」（石毛先生）

  −「たしかに高松さん、行ったら必ずいますよね。でも、僕もその位は練習しているので、どのくらい多いんですかね？」（内田さん）

●スパーリングも「形」にはなっていると思われるが、当然、「粗」は散見

  −「内田さんと高松さんのスパーリングを見たが、スパイダーガードの手の処理など、まだできいないというか、知らないんだろうなと思って、アドバイスの声かけした覚えあります」（永澤さん）

（B）その上で、成長が鈍化している／もう一段成長を加速しきれない原因は？

●当初は「股関節の硬さ」「技の数の少なさ」が原因と思われたが、そこではない

  −「たしかに股関節の柔らかさは大事。しかし、柔術は人それぞれの特性に合わせた技があるのも特徴の1つであり、高松さんは確かに硬いが、そこが本質的な原因ではない」（石毛先生）

  −「技の数が少ない？今から自分が習った技、言ってみ？」（石毛先生）

●スパーリングのやり方は間違ってないが、「心持ち」にズレ

- 「スパーリングをする度に成長のための宿題を持って帰る意識は素敵だが、"いかに負けないか？"になってしまっていて論点がズレている」（石毛先生）

● 典型的な「筋力便り」になっているのが最大の原因ではないか

- 「筋力があるのは悪くはないが、例えばスパーリングで相手に抑え込まれた時に、覚えた技を使わないで相手をバーベルを上げるようにひっくり返すことが多い。技で相手を制するのではなく、筋力で相手を制することができてしまうので、中々技を覚えられない。筋力がある生徒さんによくあるんです」（石毛先生）

● 何かにつけて「隙間がある」のが根本原因

- 「スパーリングの時に相手の手足の動きを制して技を掛けていく、動いていくことが大事だが、相手の手足を制する前に高松さんは動いてしまうので、動くと隙ができて、攻撃を仕掛けたらカウンターの攻撃を受けてしまう」（石毛先生）
- 「サイドコントロールの時に、特に隙間が空いている」（石毛先生）

（C）その原因を解消し、より成長するための打ち手は？

● 技、体の動きを丁寧に。焦らず、自分のポジションの時は特に

- 「初心者は何かとガチャガチャする。焦る。そうすると、できていることも雑になってしまう。高松さんは自分のポジションを取っている時も焦って、余計な動きで隙を作っていることが多いので、自分の

有利なポジションを取ったらまずは隙間を無くして落ち着くことが大事」（石毛先生）
- 「考えるエンジン教えているのに、スパーリングになると"考えない"エンジンになってますよね」（石毛先生）
- 「負けたくない→クローズドガードを固める」ではなく「負けてもいいじゃん → 新しい技をかけてみる」とすべき （石毛先生）

次回のミーティングでの議論すべき論点
●打ち手の方向性を踏まえ、具体的にどのような取り組みをすべきか？
- 「より成長を加速化するために、もう一段、やるべきことを整理してあげたほうがいいですよね。」（内田さん）
●柔術レッスンに加えて、復習用に教則、Youtube などをどう練習に組み込んでいくか？
- 「柔術レッスンもこれ以上は増やせないので、他の練習方法も考えたほうがいいのでは？」（永澤さん）

以上、このようにネクストステップという TASK として発言を捉えるのではなく、まさに論点として捉えて書き記すことができたらもう、議事メモマンとして完成です。

> # 「発言録」を頼まれたら新人扱い。
> # 「議事録」を頼まれたら半人前。
> # 「議事メモ」を頼まれたら大戦力。

017

24時間ルール
VS
無理しない自分のペースで

「歯を食いしばる」なら今。
明日までに仕上げるぜ!

コンサルが「最初3年間」で学ぶことを、まさに当時を思い出しながら書いているわけですが、最初の1年はつくづく

材料作り/インプットに重心、議事メモマン

だったなあと。

そして、この材料作りにおいて意識すべき鉄則があります。

それは、

ネタは鮮度が命

だということ。

ここでもつくづく、コンサルタントという仕事はお鮨屋さんに似ていると感じます。少しでも鮮度が落ちてしまうと、本当に価値がゼロになってしまうのが鮨ネタであり、材料でもある。そして、材料の中でも議事メモについては、鮮度が保たれる期限が決まっています。

24時間以内に共有しなさい。
これを24時間ルールと呼ぶ。
ただし、日をまたぐ場合は朝7時がリミット。

例えば、月曜日の12時にミーティングがあり、あなたはその議事メモを任されたとしましょう。そして、特にマネージャーやその上の位のディレクターは、他のミーティングでも忙しくしています。マネージャーやディレクターが、次にこのミーティングを踏まえて考え始めるのはおそらく翌朝。その時のタイミングに議事メモがあれば、それをマネージャーが読んでくれて、それベースに仕事を開始してくれます。でももし、そのタイミングに議事メモが無かったら？

　なんで議事メモが無いの？と詰められる。あるいは、自分のノートを見返して思い出して、仕事にとりかかってしまうでしょう。

　仮に、その後で議事メモを共有したとしても、価値は下がってしまいますよね。ですので、会議が何時に終わろうと、翌朝7時を目指して歯を食いしばると大吉。材料として使われるだけではなく、さらにもう1つ、いいことがあるのです。

　それは、

その材料＝議事メモをちゃんと読んでくれるので、その会議での論点の掴み方や、それこそ構造化について、上司からインプットをもらうことができる。

　これです。でも、タイミングを逃せばしてくれません。
　この差を、肝に銘じておいてくださいね。

> ### 材料は鮮度が命。
> ### これを決して忘れてはならない。
> ### のんきに「自分のペースで」作るなど
> ### 愚の骨頂です。

018

駆け出しです

VS

入社半年です

BCG入社早々に教えてもらった「駆け出しです」という古風な言い慣れないお言葉

コンサルに入社してすぐに教わることの1つに

お客さんに「いつ入社?」と聞かれたら、「駆け出しです」と答えましょう。

これがあります。

そうなんですよね。僕も、10年以上も前の話なのに鮮明に覚えているし、実際クライアントに何回か聞かれて「駆け出しです」と答えたものですよ。

ところで、クライアントにしてみたら多分、

入社数か月、1年目ごときのコンサルタントに高いフィーを払わなければならないのか。

という思いですよね。少しでもプロジェクトに不満でもあろうものなら、実際の原因でも何でもないのに、そこを突いてくるでしょう。そういう時は、火に油を注がないように「駆け出しですので、引き続き徹夜しててでも価値を出していきます」と反射的に答える必要があります。

ところで、これって「未熟だとバレるなよ」という話に聞こえる

かもしれませんが、真意は違います。そうではなく、

プロ意識を持ちなさい。
あなた方の「1時間」には高い値札が付いている。

　ということなのです。付加価値やアウトプットがまだまだ半人前だったとしても、そのようなプロ意識を持つ。

まだ時間単価に見合った価値は出せてませんが、
今後は出しますので許してください。

　という謙虚さも含めて、学んでほしいということなのですよ。
　これって、普通の会社同士であればおそらく「新人をアサインしやがって」とはならないですよね。新人は自然と甘やかされてるし。殆どの方は意識せず、ぼやっと「新人的な、新人としての、新人っぽい」振る舞いをしている。

　だからこそ、コンサル業界以外の皆さんがこれに気付き、自身の振る舞いをを少し変えただけで、圧倒的な「差」となり上司から可愛がられます。クライアントからも可愛がられるチャームに変わるのです。

> ## たったそれだけで変わる。
> ## だからぜひ、意識してみてください。
> ## 成長エンジンの加速が体感できるから。

019

＋2度 VS 平温

一緒に仕事をしたくなる後輩／メンバーに なるためのキーは＋2度!

　若手時代は誰しも未熟だ。というか突き詰めると、歳を見事に重ねたとしても未熟のままだ。そして、チームの中で、組織の中で圧倒的に「未熟」と感じた時、あなたはある1つのVSに出会うでしょう。

　それはこれ。

「チャーム」でカバー VS 僕なんてと「いじける」

　本当に多いんですよ、いじける人。気持ちは分かりますが、そこは歯を食いしばって行かないと良いチャンスをもらうことなんて絶対に無理。どんな人も初めは誰でも「未熟」です。ならば、それをチャームでカバーする技術を持っておくことは悪いことではないですよね。

僕なんて
もうダメだ・・・

まあまあ

　僕もBCG時代、ありとあらゆる面で劣っていたので、チャームの重要性は身に染みてますし、コンサル「最初の3年間」を救ったのは間違いなくチャームです。天性のチャームを持つ人もいますが、チャームも「技術」として武器化することが可能なんですよ。

その中で、最も簡単で最も威力を発揮してくれるのがこちら。

テンションを＋2度上げる！

テンションを＋2度上げるだけで、上司からの部下やメンバーに対するイメージはガラッと変わります。

皆さんも経験したことがあるでしょう。飲み会で「面白くなさそうな顔をしている人」に対して「どうした？」って聞くと、「楽しんでいるよ」とそっけない返事。

いつもそんなテンションなのか？

その人はきっと、次は呼ばれないでしょう。だって、周りにマイナスのオーラを発し、マイナスではないにしてもプラスにはなってないわけですから。

プライベートで「呼ばれない」。
ビジネスであっても「呼ばれない」。

そんなつまらない顔をして仕事している人は、会議の「議事録」マンとしても絶対に呼びません。だって、付加価値も出さないメンバーのせいで、参加する仲間やクライアントのテンションが下がったら困りますからね。

だからこそ、

テンションを＋2度上げてください。

そう、いつもの平温よりも＋2度上げるのです。芸人さんのように「絶対値」として高いテンションになってくださいという話では

ないですよ。そんなことは無理でしょう。

　そうではなく、「平温」＝いつものテンションよりも＋2度上げるのです。それだけで周りは気付く。「この仕事、この場を盛り上げようと、テンションを上げようとしてるのね」と気付いてくれる。それがあなたのチャームとなり、良い循環を生むのですよ。

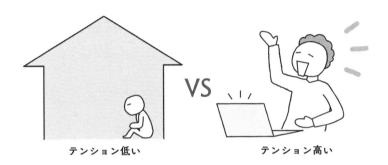

テンション低い　　　　　　　　　　テンション高い

ビジネスに「平温」無事など
いかなる場合もあり得ない。
つまらない顔＝絶対悪ですから。

詰められた時こそ接近戦＝距離を詰める

VS

遠距離戦＝距離をとる

ブラジリアン柔術もビジネスも 「不利な立場」になったらインファイト

　99のうち20まで来たということは、皆さんももうコンサル歴「7か月」まで来ているということですよ。

　BCGに入社した頃、「6か月経ったらもうベテラン」だと言われました。だから、今回のを含めて「20」のコンサル思考、お作法をぜひ、丁寧に実践してみてください。かなり状況が変わりますよ。

　さて、先ほどの「いじけるな！テンション上げよ！」ですが、この大事な教訓が活きるタイミングがいっぱいあります。そして逆に、それどころではなくなるタイミングもあるのです。

　それが、

上司に怒られた時。
マネージャーに詰められた時。

　これ。議事録で赤ペンの嵐の時、ロジでミスってしまった時、スライドを見せた瞬間「ナニコレ？」という目をされた時など、まさにここぞとばかり、

いじけたい。いじけたいですよね。

気持ちは分かります。僕もよくいじけてました。「いじける」って、英語で何て言うのだろうと調べてみたほどに。そういう通常の精神ではない、涙目になりそうなタイミングで「正しい」行動をとるためには、あらかじめスウィッチ化しておくことが大事です。

詰められた時こそ接近戦。

具体的には、下を向かず笑顔でこう言いましょう。

次のミーティングの時間、取らせてください。

怒られると、その人とは会いたくなくなるし、次に何かをレビューしてもらうとまた怒られると思い、自然とその人と距離を取る。当然、気軽な相談もしなくなる。これこそ負のサイクル。なので、歯を食いしばって負のサイクルを止めるのです。

こんな言葉があるか分かりませんが、「遠距離戦」という安全地帯で勝負に行かず、「接近戦」＝インファイトを仕掛けましょう。

これは人生も一緒です。誰かと喧嘩したとして、その喧嘩を後悔するならすぐに

ごめんなさい。ごめん！すぐに会いましょう！

と言ってしまうべき。歯の食いしばりどころを間違えると、面倒になりますからね。

> # インファイト、距離を詰めるが勝ち。
> # 想定の3倍は
> # 可愛がってくれますから。

社員証をぶらさげない

VS

社員証をぶらさげてランチへ

気持ちは分かるが、社員証1つで
その人のビジネスマインドが知れる

時代は変わる。本当に変わる。

ひと昔前だったらOKだったことが、いつのまにかNGになっているなんてのはざらに起きる。そんな時代に僕らは生き残りをかけた戦いをしているのですよ。

僕がコンサルティングファームに入り、一番引き締まった、ぞっとしたテーマが

コンフィデンシャリティ違反。

これ。

まぁとにかく口すっぱく言われましたよ、コンフィデンシャリティ違反。

PCを入れたまま鞄を置き忘れたら一発退場。
添付付きのファイルを誤送信したら一発退場。
社員証をどこかに落としたら罰金。

この意識は、僕が新卒で入ったNTTデータの頃と比べて100倍高まった心得です。

そして、20年前ならコンサルティングファームだけの心得だった

かもしれませんが、SNSが異常な進化を遂げた今、どこで大問題になるか分からない時代が来てしまいました。そして、間違いなく今後はもっともっと厳しくなるでしょう。

だから、

外でクライアント名を言わない。

飲み会の時、鞄をお店に預けない。

そして、

社員証をぶら下げて外にランチに行かない。

鞄をお店に預けない

外でクライアント名を言わない

〇〇社がさぁ…

社員証をぶら下げて外にランチに行かない

この程度なら問題無し
だと思いますか？

　上司が「コンフィデンシャリティ」に厳しめだったら、この程度のことでも命取りになりかねませんからね。

> ## そういう細かいところまで
> ## 若いころから気を付けておく。だって、
> ## 減点方式が大好きなお国柄だから。

「されど」誤字脱字

VS

「たかが」誤字脱字

ラブレターに誤字脱字があろうものなら、そこに「愛」はあるのか

構造化、MECEの時は「たかが」精神で行きましょう！「されど」精神は捨てましょう！でしたよね。でも、ややこしいですが今回は、

「されど」誤字脱字 VS 「たかが」誤字脱字

これ。

僕も周りから「誤字脱字王」と言われているので、自戒を込めてなのですが、この意識を持ってください。

ところで、

資料に1つでも誤字脱字があると、その資料の信頼は「半分」になります。

これはどういうロジックでそうなるかというと、実にシンプル。

反省文に誤字脱字があったら、全てが台無しですよね？

ということなんです。加えて、誤字脱字チェックは誰でもできますからね。

ところで、誤字脱字チェックの仕方は、実は1つしかありません。

僕もBCG時代、まさに1年目に教えてもらったのがこれ。

誤字脱字チェックは「目で追う」な！
「声に出して」チェックするのだ！

　目で追ってしまうと、誤字脱字があったとしても補完してしまうのが素敵すぎる人間の脳のようで、本当にチェックするには声を出すしかない。

ボストンコン猿ティング・・・誤字発見
これで 38 か所目

　だからよく、資料ができあがった後に会議室へこもり、ぶつぶつと注釈まで全て声を出して誤字脱字チェックしてましたよ。これが正解。
　誤字脱字チェックも立派な付加価値なのです。

> ## 誤字脱字チェックは
> ## 声を出すための「会議室」を
> ## 予約することから始まる。

老けて見える
VS
若く見える

老けて見られてきた人にとっては
最高な「老けて見えたほうが得な世界」、
それがビジネス

やっぱりモテたい。プライベートでモテたい。

そして、モテる要素の1つに

若く見える人

というのがありますよね。

今でも覚えているのが、BCGに入って1年目の時にIT部門の
リーダーの石川さんから、

高松さんって40代？

と言われてショックだったのを覚えている。その当時は25歳
だったのに。

しかしながら、ビジネスの世界では「若く見えること」は全くもっ
てプラスではない。むしろマイナスだとも言える。

だって、018で扱ったテーマ

駆け出しです　VS　入社半年です

を思い出してほしい。そもそも、老けて見えればそんなこと言わ
れないですからね。

だから、休日や土日は思いっきり若く行きましょう。そして平日は、「わざと」老けて見せればいい。

　例えば、僕は師匠の加藤さんからよく「＋10歳の恰好をするように」と言われてました、

　コンサルタントの場合、ご一緒する方は部長以上とか、まぁかなり偉い人が多いわけですよ。だからおのずと、年齢が上の方が多い。ですので、その人たちから見て服装／髪型も含めて違和感を無駄に持たせない。「この若造が」と思われないようにする。そうすべきなのです。

　とはいえ、この作戦が良いのか悪いのかは未だに分かりません。ただ、その当時は「ワンサイズ上のスーツを買いなさい」とか「ダブルのスーツにしなさい」とか言われてましたね。今思うと「ダサい恰好を真似なさい」という意味だったのかも。

> # コンサルもビジネスも
> # 「老けて見える」が勝ち。
> # そんな世界があったとは!

Y軸に成長をとった場合、X軸はMDとの会話量

VS

諸々、いろいろ

偉大なる師匠との会話こそが
成長を加速化する

世の中は本当に変わったなと思ったのが、

会社の役員が参加する懇親会があっても行かない。

という人が増えまくっているという事実。

昭和な皆さん、もうそういう時代らしいですよ。

端的に言えば、「えらい人が参加するなら参加して、少しでも絡んで覚えてもらおう！」という文化が消えつつあるということです。

懇親会?ウザ。役員来るの?ウザ。

まぁ、その気持ちも分からないではありません。

でもね、例えばプロ野球って、オフシーズンに有名選手が若手をつれて自主トレをやりますよね。聞くところによると、あれって全て有名選手が全員分のお金を出すそうです。日夜一緒に過ごしながら、練習もさることながら、ご飯中やリラックスした時の会話で様々なことを話す中で、成長や成功のヒントを学ぶ。

僕もコンサルのセンスは無かったですが、この感覚は最初から持っており、常日頃から思っていたのが

グラフで考えると、Y軸に「成長」をとった場合のX軸は何になるか？それはMDとの会話量だ！

ということ。

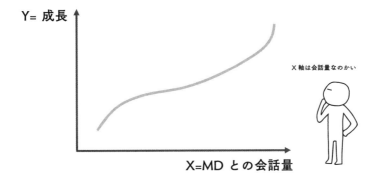

参考までに、「コンサルの思考、お作法」をさらにご理解いただくために、コンサルティングファームの役職をざっくりお伝えしますと、上から順に次のようになります。

> MD（マネージング・ディレクター）＝それ以上
> マネージャー／シニアマネージャー＝入社10年目まで
> コンサルタント＝入社5年目、6年目まで
> アソシエイト＝入社3年目まで

　BCG時代の大先輩、御立さんが何かの社内イベントのプレゼンで「MDになって一軍」と社員の前で話すや否や、聞いていた1人が「俺たちはまだボール拾いかよぉ！！！」と叫び、大爆笑が起きたことがありました。しかしながら、それは事実なのです。そのくらいの差があります、MDとMD未満には。何から何まで違います。当然、頭の使い方もプレゼンも、日常の些細なことへの考え方まで違います。

103

ですので、常日頃から思ってました。

こんなスゲー人と話せる環境、最高すぎる。ランチでも何でも誘って、少しでも話す量を増やそう！

実際、オフィスの同じフロアにいた、その当時、BCGのMDの市井さん（今は、ベインのMD）を隙さえあればランチに誘ってましたし、誘われたらどんな忙しくても＋２度テンション上げて、ご一緒させてください！と叫んでいました。

だって、コンサルの天才、商人としても大天才の市井さんと過ごせるなら、アウトプットが遅れて怒られようともそんなものは後で取り返せますからね。そんなチャンスはめったに来ないわけだし。

今だったら僕は柔術にハマっているので、石毛先生に「この後、何するんですか？」と何気なく聞いて、「道場の下の亀戸ぎょうざにこれから行くんですよ」ときたら、間髪入れず「ご一緒してもいいですか？」と言うよね当然。

次の予定に間に合わすためタクシーを使うことになったとしても、それは当然の行為だ。

本当に、何事もそうなんですよ。成長したければ、ぐいっと成長したければ、その道の天才と時間を過ごす、話す、質問する。

これに勝るものは無いのです。

本当に大事にしよう。
天才との時間
師匠との時間
上司との時間

クローズドクエスチョン

VS

オープンクエスチョン

オープンクエスチョンはバカの始まり

　コンサル思考、お作法もそうですし、ビジネスセンスもそうですが、何かを学ぶ際にはルールというか「正しいプロセス」があります。

　それは何かというと、

暗記→不自然に使う→違和感を発生させる →質問する

　これしかありません。特に、思考技術やセンスを磨く時はこれしかない。その最後に君臨するのが「質問」であります。

　質問の質によって成長は変わります。

　良い質問が良い成長を生む。

　そして実は、「誰でもできること」で質問の質を上げることが可能。それを、ここでサクッと習慣にしておきましょう。

　僕はよく、こう教えています。

オープンクエスチョンはバカの始まり。

　そうなんです。オープンクエスチョンはダメなんですね。逆に、クローズドクエスチョンが最高なんです。

　では、この２つの違いは何か？

　もちろん、哲学的には「はい」か「いいえ」で答えられるかどう

かなんですが、もう少し行動が変わる形で色分けすると、次のようになります。

オープンクエスチョン
＋「自分なりの答えを考えた」
＝クローズドクエスチョン

簡単な質問でこれを補足すると、

趣味はなんですか？＋「自分なりに考えた」＝趣味は例えば柔術とかですか？

となります。これが仕事では、プライベート以上に大事になってくるのです。

例えば、少し前の「議事録」の話を誰かから教えてもらったとしましょう。その最中に質問する時に、「議事メモのポイントは何ですか？」としてしまうと、「お前、何も考えてないじゃん」となってしまいます。ですので習慣として、質問を投げる習慣として、次のサイクルを必ず回してください。

議事メモのポイントは何ですか?＋「自分なりに考えた」＝議事録のポイントを知りたいのですが、話をお聞きする限り、事前に論点を立てることですか?

これで相手に「ここまでは理解できていますよ！」ということが伝わるので、答える側にとってもシャープな答えを返すことができる。それが無いと、「もうすでに話したじゃん。え？全く分からなかったわけ？」となってしまいますからね。

では、最後にクイズを出します。

議事メモと「オープンクエスチョンのクローズドクエスチョン化」には大きな共通点があります。それは何でしょうか？

答えはこちら。

どちらも「進化させる」＝思考を回すことで、成長へのインプットを上司から受ける機会に進化。

そうなんです、これが大きいのです。

オープンクエスチョンは何も思考せず、気ままに「これ教えてくださーい」と叫んでいるようなものだけど、オープンクエスチョンをクローズドクエスチョンに進化させるたびに、「自分なりの答えを考えた」というプロセスが入るわけですから、その度に自然と仮説思考を使うことになる。それを毎回、上司に、クライアントにチェックしてもらえるわけだから、成長するに決まっていますよね。

議事メモは、それ以上の鍛錬になります。議事メモは発言録を進化させ、さらに議事録を進化させました。構造化はもちろんのこと、論点ベース、仮説の進化など、まさにモノゴトを考える上で大事なスキルが全て詰まっているわけです。

だから、

議事メモをちゃんと書くことができたら、次のミーティングの資料はできたも同然とも言える。

よって、本当に議事メモを書けたら一人前なんですよね。

だからこそ、議事録ではなく「議事メモ」を書いて、赤ペンを入れれまくられた方がいいのですよ。

> オープンクエスチョンは
> バカの始まり。
> クローズドクエスチョンは
> 「仮説思考」の始まり。

「上司」の為に

VS

「クライアント」の為に

「クライアントの為になど百年早い」と思ったほうがプラクティカルに価値を出せる

丁寧に説明しないと誤解されてしまうテーマかもしれません。

もちろん、僕らはお客さんに何かしらの付加価値を届けるために仕事をしている。これは紛れもない事実で、BCG流に言えば、

クライアントファースト

である。でも、コンサルタントであれ事業会社であれ、3年目ごときでそう簡単にダイレクトに、クライアント／お客さんに付加価値を提供できるほど甘くはありません。

事業会社であれば、価値を出しているのは部長であり課長だ。コンサルであればMDであり、百歩譲ってマネージャーだ！

これは紛れもない事実です。もちろん、1年目で「営業トップだぁ」という方もいるかもしれませんが、それは会社や部長たちが作ってくれたレガシーのおかげですよ。

であれば、どういう思考をすればいいのか？

コンサルタントの職位は前述したとおり、上から「MD、マネージャー、コンサルタント、アソシエイト」の順です。よって、このように考えてほしい。

> アソシエイトはコンサルタントのために。
> コンサルタントはマネージャーのために。
> マネージャーはMDのために。
> そして、
> MDはクライアントのために。

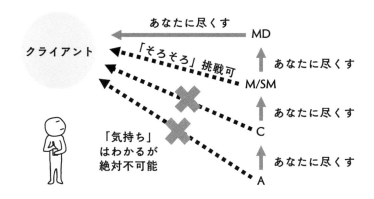

　アソシエイトの視座では見えない、MDの高すぎる視座でクライアントと対峙し、付加価値を出すのが一番。これが、プロフェッショナルとしての「付加価値を最大化する基本指針」なのですよ。

　もう少し、仕事で具体化してみましょうか。

　次のようになります。

> 　アソシエイトができることは全部、アソシエイトがやる。
> 　それでも余った仕事で、コンサルタントができることは全部、コンサルタントがやる。
> 　それでも余った仕事で、マネージャーができることは全部、マネージャーがやる。
> 　それでも余った仕事は、あとは全部MDがやる。

あえて違う表現をすれば、

いかに、最も時間単価が高く天才的な付加価値を出せるMDに、僕らができる仕事のような雑用をさせず、彼らにしかできない部分＝思考、インサイトにフォーカスしてもらうか?というゲームなのだ。

ですので、MDに誤字脱字チェックをさせてはならないし、アソシエイトが弁当を買いに行くべきだと僕は思っています。

なお、事業会社であればそこまで年次や役職に実力差が無いかもしれない。だから、もっとシンプルに

このチームで最も優秀な人から、雑用＝僕でもできる仕事を奪ってやろう！

このように考えることが大事な思考となります。

クライアントへ付加価値を付ける道も「上司へ付加価値を付ける」から始めましょう。

027

箇条書き
VS
感想文

小学校の時は「感想文」が嫌いで
苦手だったけど、ビジネスでは書いてしまう

　僕らは小学校の時に、ありとあらゆるタイミングで感想文を書いてきた。小説家を目指すが如く、すべらない話をするかのごとく、原稿用紙に日本人が大好きな起承転結が大吉だと教え込まれてきました。しかしですよ。

　僕らは小説家になんてなれないし、サイコロの目にどきどきしながら「すべらない話」に出ることなどない。

　故に、起承転結など無用の長物。何が言いたいのかというと、

「感想文」のような、縦書きの400字詰めの原稿用紙に書くような文章は謝罪文に取っておこう。

　謝罪文くらいでしょう、ビジネスをする上でウダウダと起承転結というか、回りくどく書いたほうが吉なのは。

　では、どうすればいいのか？それは、箇条書きです。

　本当に箇条書きが最強なんです。その理由はこちら。

　１行が短いから、さっと書ける。

　１行が短いから、構造化しやすい。

　１行が短いから、読みやすい。

　例えば、皆さんが１人でクライアントミーティングに出席したとして、帰り道にさくっと、こんな感じにメールしてほしいのです。

111

石毛さん、チームの皆さん

　先ほどクライアントミーティングに参加してきましたので、簡単に共有させてもらいます。詳しくは後ほど、議事メモを共有いたします。

・概ね、我々のキックオフ資料について「違和感は無い」というコメントを頂く（最高！）
・特に、前半フェーズの「例のマーケット未来予測」については社長の関心も強く、我々チームとしても注力モジュールとすべき印象（がんばります！）
・また、先方主導でキックオフ資料を関係者に根回ししてくれるとのこと（安心！）

　このメール文章例には、色々な形式としてのテクニック／お作法が入ってますよね。クライアントの発言は「」（鍵カッコ）で括るとか、事実ではなく「自らの意見／スタンス」については、「〜の印象」という表現を使う。そして、（）の中に自分の感情を少し載せておいて、ちゃんと書き手の「顔」が浮かぶようにする。

　そんな細かいルールは、先輩のメールを見ながら真似ていくのが吉でございます。

小学生時代は「感想文」が嫌いだった。今は「感想文形式の文章」が大嫌いです。

028

「書いて削る」美学

VS

「ぴったり書く」美学

Twitterも俳句も何もかも、
「文字数ぴったり」を最初から狙うなかれ

　世の中って本当に不思議です。「こんなサービス」が世の中で愛され、依存しちゃう人まで出ちゃうのですから。

　そんなサービスの1つが、

Twitter＝140文字まで呟ける。

　これ。ほんと今となってはあれですが、140文字ってもはや多いか少ないかも分からない。これが世界を席巻すると予測できた人の想像力には惚れぼれするしかありません。

　そして、この140文字を書く時に限らずビジネス文章も、良い文章、伝わる文章を書くためには心掛けねばならない心得が1つあります。

　それはこちら。

文字数を気にせず書いてから、
文字数を意識して削る。

　PowerPointでマス目に文字を書く。感覚的に30文字くらいだな！と思った時、殆どの人が30文字ピッタリを始めから狙う。「ぴったり書く」美学を振りかざしてくる。

気持ちは分かりますよ。でもそれだと、文字数を気にして、言いたいメッセージを端折る。そして、最初に思いついたワーディング故に冗長になるということが自然と起きてしまいます。

ですのでもう、ルール化しちゃいましょう。

いっぱい書いて削る。2倍位の文字数で書いて、あとは無駄な文字を削っていく。

こんなイメージが良いかと思います。
これでめっちゃ濃くなりますよ。

文章を書く時はいっぱい書いてから削るが基本。
一発で文字数を合わせても中身が薄くなるだけ。
2倍の量を書いて、その後に言葉の使い方や被っている言葉を省きながら、句読点なども調整しながら削って少なくしていくというか、そのプロセスを通るか通らないかで文章のクオリティは変わってくるからね。もちろん、あえて冗長にする美学というものもあるのだろうけど、それは小説を書くとかそういう時の話よね。ビジネス文書の世界ではそういうの無い。そもそも「長文の美学」ってのは著名な作家さんとか

「書いて削る」美学は
言語化力も磨いてくれる。
「文字にできる」はお金を生む。

029

出席するなら何かしら発言を

VS

未熟なのだから黙っておきます

常に「付加価値」を出す精神を表した
厳しめなルールのお話

コンサル業界での不文律になっているのがこれ。

発言しないなら出席すんな。

コンサルタント１年目はミーティングの度に胃がきりきりする原因の１つが、まさにこれでした。

「発言をしないならさぁ、出席しないでもらえる？」というお言葉。言い方は昭和感ありますが、この格言に込められた意図はビジネスパーソンとして本当に大事である。

他人事にするな。

当事者意識を持て。

会議で必ず一言話さなければならないとなると緊張感が増し、おのずと、そのミーティングの当事者になれる。これが最大の狙いです。

でも実は、それ以外にもプラス要素があります。

それは、

未熟だからこその感覚、センスは大事！

ということ。他の参加者がシニアメンバーであれば、それはなおさらです。

マーケティングを熟達した、いわば "おっさん" だけで考えると、分かりやすく言えば「若者の感覚からズレたもの」になるかもしれません。故に、若手としての発言には価値があるので、恐れず話しちゃいなよ！という意味もあるのですよ。

あともう1つ、これがクライアントミーティングだった場合ならなおのこと、

あなたにもチャージされているんだから。

このことを忘れてはいけません。プロフェッショナルとしての意識を持たなければいけない。この話は、コンサルだとビジネスモデル的に分かりやすいだけで、どんな会社の社員にも同じことが言えるでしょう。全ての時間にお金が支払われているのだから、当たり前の話ですよね。

皆さんも、明日から気合い入れてミーティングに参加しましょうぞ。

「出席するなら何かしら発言を」のTIPS

① テーマの事例をこっそり調べておく。あえて事前に言わない
② 先のミーティングの予定を覚えておき「次は○月○日です」発言
③ 過去の資料を全て持っておき、「ここに載ってます」発言
④ 注釈。スライドの注釈は自分の領地と思いしゃべる準備
⑤ お客さんのno.3 と仲良くなり、話しやすい雰囲気
⑥ 変なこと言ってもスルーされるのみだから心配しない

「発言しないなら出席すんな」
この厳しくも温かい格言には
愛が込められています。

30分単位
VS
1日単位

仕事ができない人は、仕事の設計が1日単位とざっくりしている

今回は、「毎日」のTASKマネジメントをどうしているのか？の話でございます。

月単位やプロジェクト単位であれば、チームとしてのWBSがある。そこからブレイクダウンされる形で、今週何をするか？を考えることになる。その時に、事業会社時代とコンサル時代で大きく変わったのがこちらです。

「何をするか?」の粒度が、「1日単位」から「30分単位」に変わった。

新卒で入社したNTTデータであれば、「今日、提案書を作る」という感じで、1日単位で何をすべきかを考えているイメージでした。でもBCGに入ると、おのずと「30分」「1時間」単位で考える。当然、30分単位で考えるなら、より精緻なタスク設計が求められます。そしてそれ以上に、「この作業は大体この時間で終わる」という工数管理も必要になるので、終わりそうになければ早めにマネージャーに相談できるし、1日でアウトプットしなければいけないことがフィックスであれば、「この作業は軽くにしよう」など、タスクの濃淡を強制的につけようとする思考を回せるようになる。

これは圧倒的に生産性が上がる！

そして、「30分単位」でのタスク設計、工数管理を行う上で便利すぎるのが、

アウトルックに作業を書き込み管理する

というやり方。日程を忘れないように、作業を「30分」、長くても「1時間」単位でアウトルックに書き込むのは非常にやりやすいんです。今どきで言えば、Googleカレンダーかタイムツリーといった感じですかね。

では、「どんな感じで書くか？」の事例を見ていただきましょう。図を見てください。

	10月25日 水曜日
7:00	メールチェック（毎日ルーティン） 「1日寝かした」キックオフ資料の見直し（→MDに共有）
8:00	朝食を食べながら事例調査
9:00	事例調査を踏まえ、スライドの作成 （遅刻厳禁）評価FBミーティング
10:00	評価FBを踏まえて、短期的な目標設定
11:00	昨日の続きの分析（市場規模推定） 分析のバッファー
12:00	追加の分析（複数のKPIの数値作り）

こんな感じで、タスクを30分、1時間刻みで書いておくのです。すると、無駄にダラダラやることも無くなるし、自分で自分の尻を叩くことが自然としやすくなる。

この方法、本当に本当にオススメです。

> そのタスクの大切さや
> 終わったら遊びに行く！とか気持ちも
> ガンガン書きこんでください。

031

「考える」と「描く」を分ける

考えながら描く

後でご紹介する「スライド1枚」を
デスクの前に貼っておりました！

「コンサルタントって何をしているの？」と問われたら、答えは

インプット、考える、アウトプット。

　これ。これは事業会社でも同じです。
　そして、違う切り口でコンサルタントが、いや、皆さんがしていることを分類するとこうなります。

考える or 描く

　考えるとはまさに「考える」ですので、例えば「クライアントはどのような悩みを持っているのか？」とか「インタビューで何を聞くか？」といったお題に対して、頭＋筆記用具でウニウニしている感じである。
　一方で、僕が「描く」と表現した中には、もちろんPowerPointをいじっている時間もそうですし、Excelシートで関数を書いている時

何も考えたくないし
何も描きたくないわー

間も「描く」に入ります。

　そして、１人でやることと言えばこの「考える」か「描く」になるわけです。

　その際、最大生産性を生むために大事なことがあります。

　それは、「考える」と「描く」は時間を分けること。

　決して混ぜてはいけません。

　ではなぜ、混ぜてはいけないのでしょうか？

　まずは「考える」と「描く」の違いですが、図を見ていただければ一目瞭然です。

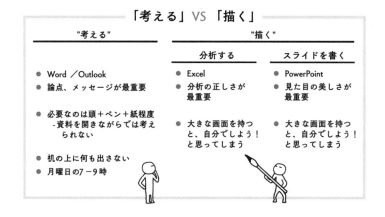

「考える」VS「描く」

"考える"

- Word ／Outlook
- 論点、メッセージが最重要

- 必要なのは頭＋ペン＋紙程度
  - 資料を開きながらでは考えられない

- 机の上に何も出さない
- 月曜日の7 −9時

"描く"

分析する
- Excel
- 分析の正しさが最重要

- 大きな画面を持つと、自分でしよう！と思ってしまう

スライドを書く
- PowerPoint
- 見た目の美しさが最重要

- 大きな画面を持つと、自分でしよう！と思ってしまう

　そうなんです。「考える」と「描く」では、大事にすべきことが真逆なのです。だからこそ、混ぜては絶対にダメ。

　イメージしていただくために、「１枚のスライドを作る」という作業を分けてみましょう。

　そのスライドの論点を明確にし、メッセージを考え、どんなスライドフォーマットにするかを決める。これは圧倒的に「考える」です。論点が何かとか、クライアントに何を伝えたらいいのかといった話が最も大事になりますよね。

　一方で、それを受けてPowerPoint化をするにあたって、「誤字脱字をチェック」しながら「見栄えは？」「どんな色を使うか？」といったことを気にしつつ「描く」。「考える」では大切じゃなかった項目が上位にきます。

　だからこそ、混ぜてしまってはダメなのですよ。

PPTを開きながらスライドを考える！

　これは絶対に無理。「考える」と「描く」を同時にやるのは神の領域となります。徹底的に、「考える」と「描く」を混ぜてはいけません。

　オススメは、「考える」時はWordで行い、「描く」時はPowerPointで行うこと。使うツールを分けてしまうのが大吉でございます。

　ちなみに、分析を行う際に「Excelをシートを開きながら、Excelをいじりながら分析を考える」というのも、愚の骨頂になりますからね。

> # 「考える」と「描く」は
> # 大事にすることが真逆です。
> # 論点/メッセージ VS 色見/揃っている

Wordでスライド構成まで考える
VS
すぐさまPowerPointを開く

コンサルタントの主戦場はPowerPointと思われがちだけどWordだから

　コンサルタントに限らず何かと使うことになるPowerPoint。でも、アウトプットを出す上で最大効率を求めるなら、「考える」と「描く」を分けることが大事です。

　それでは、1枚のスライドを、たった1枚のスライドを書くプロセスを丁寧に規定したいと思います。1個でも飛んだらアウトだと思ってください。

①そのスライドで答えようとしてる「論点（問い）」を明確に言語化し、できれば現時点での仮のメッセージをぼんやりイメージして文字に落とす。もちろんWordで行う。

②どういう材料があれば／スライドのボディに書けば、そのメッセージを言えそうかを考える。もちろん、PowerPointなんぞは開かない。先ほどのWordに、メモ程度に記載。

③そしてインタビューを行う、事例調査を行う、分析を行うなど、TASK設計を考えて、先ほどのWordに赤で追記する。これも「考える」よね。まだまだPowerPointを開いてはいけません。

④「描く」時間の到来。息をとめて、ひたすら作業でございます。このタイミングで「何を調べようか？」とか思っていたらダメ。ただただ、作業する感じ。

⑤調べたことを踏まえ、スライドで表現する「メッセージ」を磨くとともに、メッセージを支えるボディにどのような内容を載せるか考える。まだWordよ。

⑥その上で、どういうスライドフォーマットにするかを考えた上で、「PowerPointにコピペしたら良い」まで文言を磨きこむ。もちろんまだWord。

⑦さあ大好きな時間だ。「どういうバランスで、どういう色味で書けば、より美しいのか？」を論点に、PowerPointに落とし込む。

⑧最後はもちろん、「誤字脱字」をチェックをする。

以上、こんな感じになります。

もちろん、①～③、⑤⑥は圧倒的に「考える」ゾーン。④、⑦は完全無欠で「描く」ゾーンですからね。

このように、徹底的にプロセスを細かくして、「考える」と「描く」がごちゃごちゃにならないようにしましょう。PowerPoint作りもWordからなのです。

PowerPointを開きながら何を描こうかな？とウニウニしている人は、「Word」ドリブンなPowerPoint作りに変えましょう。

Wordで分析イメージまで考える
VS
Excelシートを開いてちこちこやる

コンサルタントの主戦場はExcelとも思われがちだけどWordだから

PowerPointと同じように、「考える」と「描く」をどう分けていくかを説明していきます。もちろん分析においても、PowerPointと変わらず混ぜてはダメですよ。

①今から検証したい論点とメッセージを活字に落とし、「どんな材料でそのメッセージを支えるか?」を考える。できれば、Wordにしたためたいよね。

②その上で「分析で支える」となった場合、どんなデータを用いて、どういう「軸」で分析すれば、そのメッセージを支える材料ができるかを考える。

③加えて、どのような関数、ピボットテーブルを使い、どういうグラフにするかも合わせて考え切る。当然、まだExcelは開いていない。

④データを死ぬ気で集める。社内データはもちろんのこと、クライアントから、そしてパブリックデータも含めて妥協無く集める。

⑤集まったデータを踏まえ、分析プランを修正をする。「こういうデータしかないのであれば、どういう分析すればいいか?」を考える。

⑥息を止めて、ただただ無心に分析プランに合わせて手を動かす。

> ⑦分析結果を踏まえ、必要に応じて分析プランを練り直し、再度分析を行う。決して、Excelを開きながらちこちこはしない。

　以上、今回もきれいに「考える」と「描く＝作業する」が区別できましたね。

　代表的な２つの作業について、WordとExcelを例にとりましたが、その他全ての作業も分けるのが吉です。

作業を「考える」と「描く」に因数分解することが、生産性向上の始まりなのです。

　というわけで皆さん、コンサルの「最初３年間」の１年目が無事に終わりました。

　僕もBCGの１年目を思い出しながら書いておりますが、いやぁ悲惨だった。もう２度はできないほどに歯を食いしばり、才能ではどうにもならないので、チャームで何とかする１年でした。

　正直、僕は「採用ミスだ！」と言われてたし、実際に自分でもそう思った時もありながら愚直に仕事をしていた。

　そして、入って１年と３か月が経った頃、ほんの些細な、コンサルの師匠である「加藤さん」とのやりとりで、僕はドミノ倒しのように全てを理解し、全てがつながったんです。

分かった！コンサルタントの頭の使い方、働き方、付加価値の出し方が分かった！

　それ以降は運もあり、採用ミスと言われることもなくなり、スムーズに健やかにコンサルライフを楽しむことができました。どん底だったのに、マネージャーにもすんなりなれた。

そして今はっきりと言えるのは、コンサル思考／お作法は紛れもなく

完全にスキルであり、後天的に身につけれられると身をもって証明したし、僕は確信しているということ。

そして、こうも強く強く思う。この思考、お作法を持っていたら、新卒で入ったNTTデータの仕事ももっと楽しめたし、群を抜けただろうと。

おそらく、皆さんはまだ「採用ミスだ！」なんて言われていないはず。

だから、今日から本書に書かれていることをそのまま、そのまま暗記して実践してみてください。

変わります。

圧倒的に変わりますからね。

「コンサルの最初の１年目」も
これでおしまい。
「サバイブ＝生き残り」の達成
おめでとうございます！

これでまだ1年目とか
いくらなんでも濃すぎるでしょ

2年目、3年目と
まだまだ濃くなって
いくんやて

考える
エンジン

「天狗になる」
「鼻をへし折られる」

繰り返しの2年目

「1年目」と「2年目」は違った。プレッシャーがだいぶ違った。

　「1年目」でコンサル思考、お作法の土台が整ったので、できること／任されることも増え、コンサルティングの楽しさを感じられるようになる時期だったと思う。

　そして、

> ・戦力と見なされるようになり、1日、1週間でクライアントに付加価値を付けなければ！という意識が自然と芽生え、自分への心地良いプレッシャーとともに、
> ・次のテニュア（＝役職、職位、役割）に向けて昇進を意識するようになり、同期より早く、いや同期より遅い昇進は嫌だ！という意味の無いプレッシャーが。
> ・そして何よりも、自分より「後に入ってくる」後輩の存在が、良い意味でも悪い意味でもプレッシャーとなる。

　そんなプレッシャーがガソリンとなり、成長が加速化したのは間違いなくこの2年目。

　その頃、師匠からもらった言葉が今でも身に染みています。

> 加藤さん：「成長は振り返った時に実感するもの。がむしゃらな時は感じないよ」
> 水越さん：「他人と比較する？いや、比較するのは昔の自分だけだよ」

　僕が自身に対して「成長しているか？」と不安になっている時にかけてくれた言葉です。漫画に出てくるようなセリフをかけてくれるのは非常にありがたかった。

　皆さんも、時には成長に悩むと思います。そんな時は、僕がもらったこの2つの言葉をぜひ思い出してみてください。

　では、続けて行きましょう。

　コンサルタントの2年目、スタートでございます。

HOWのインサイト

VS

WHATのインサイト

今日から2年目。圧倒的な付加価値が 求められることを覚悟してほしい

今日から「コンサルの2年目」ですから、気を引き締めて行きましょう。

コンサルタントと言えば、というか、コンサルタントをしている人も自分たちの役割はこう思っている人が多い。

クライアントが見つけられない課題を見つけることや、クライアントが思いもつかないようなウルトラセクシーな打ち手を思いつくこと。

アウトプットで評価されるし、それが無いと高いフィーをもらえないのも事実です。またそれ以前に、もっと大事な部分にも頭を使わなければなりません。

繰り返しになりますが、何かをアウトプットする時のプロセスは、もうお馴染みの

[ロ→サ→T→ス→作→ア]

ですよね。論点を定め、問いをサブ論点に分解し作業設計する。そして、死に物狂いで作業を行いアウトプットができるわけです。

このプロセスと重ねてみると、クライアントが見つけられない課

題を見つけることや、クライアントが思いもつかないようなウルトラセクシーな打ち手を思いつくというのは当然、[作→ア] のタイミングになりますよね。

　当たり前ですが、忘れ去られているのが「その偉大なる [作→ア] を生むためには、その前の [T] をセクシーしないといけない」ということ。そう、[T] ＝ TASK設計がセクシーじゃない限り、すさまじい [ア] ＝アウトプットなど出るわけがないということです。ですので、いかにTASK設計に頭を使い、華麗なるタスクを思いつくか、練りこむかが大事になってくる。

　違う言い方をすれば、ちゃんとTASK設計さえできていれば、それ以降の [作業] は誰がやっても付加価値が出るということでもあります。

　一般的に、コンサルタントや「企画するとかモノゴトを生み出す仕事をしている人」が勘違いしがちなのですが、大事なのは

どんなTASKをすればセクシーなアウトプットが出るのかという、「HOWのインサイト」の思考を疎かにしないこと。

　一方で、課題発見や打ち手の創出というWHATのインサイトは、ジュニアメンバーにとっては、（変な開き直りではないですが）マネージャーやMDには敵わない。そして何より、作業をすべきと見なされている若手、ジュニアメンバーは心の底からWHATのインサイトよりHOWのインサイトと携帯の待ち受け画面に入れてほしいくらいです。

　ではここで、HOWのインサイトの例をいくつかご紹介しましょう。そして皆さんには、

僕らはHOWのインサイトで付加価値を出してやるんだ！と
宣言していただきます。

> **HOWのインサイトクイズ**
> 　来週からワイン会社の売上向上施策を考えるプロジェクト
> が始まります。だから、この土日でワイン業界について知って
> おかねばなりません。
> 　皆さんは何をTASKとして見繕いますか？
> 　HOWのインサイト＝え？そんなこと思いもつかなかった
> けど、それいいなぁ。

　さぁ、皆さんならどうするだろうか？
　とりあえず、一般的なコンサルティングとしてもやりそうなこと
を3つほど挙げておきます。そして皆さんは、それ以外をぜひ考え
てみてください

> 　実際にクライアントや競合のワイン屋さんに行って、自腹で
> ワインを何本か買ってみる。

　確かに、このやり方はよくします。ミステリーショッパーとも言
われてます。ミシュランの星を付ける人のように、「バレずに」来店
してガチガチでチェックすることになりますからね。

> 　ワイン関連の業界誌を過去2年分買う。

　これも常識のようにやりますよね。その名の通り、「業界」の人し
か読まないマニアックすぎる業界誌が腐るほどあります。普通に手
に入れようとすると郵送などに時間がかかってしまうので、出版社
まで在庫を取りに行き、早く手元に置くことを目指します。なお、こ

れは経験則ですが、この「業界誌」が活躍することはあまりありません。

> 社内のワインに詳しい仲間にヒアリングする。

　これもやります。BCG時代も「全社メール」にて、今回で言えば「ワインのケースをしており、ワイン業界に詳しい人に話を聞きたいと思っております。ランチをご馳走させていただきますので、ご連絡ください」みたいな感じでさくっとヒアリングを行い、仮説を作る。これはかなり有効な場合が多いです。なぜかと言うと、聞く方だけでなく、ヒアリングを受ける「聞かれる方」もコンサルタントなので話が早いのですよ。

　さらに仮説の議論もついでにできてしまうので、本当によくそんなメールを見かけてました。

　とはいえ、残念ながらこの３つくらいでは、HOWのインサイトとは言えません。そこで新たに３つほど、これぞHOWのインサイトだな！と思える例を共有したいと思います。

HOWのインサイトクイズ【解答編】

①ワインの業界誌じゃなく、全体像が分かりめちゃくちゃ読みやすい＝漫画『神の雫』を読む

　これなんです。これがまさに、僕が目指してほしいHOWのインサイト。漫画は本当に素晴らしいです。漫画家さんはウルトラ調べて、その面白い部分をハイライトしてくれているし、常識になっていることも含めてちゃんと書いてくれてますから。

　例えば、アメフトを理解したければ、とりあえず『アイシールド21』を読むといった感じで、調べてみるとありとあらゆ

るテーマの漫画がある。これは汎用性の高いベースの知識を付けるのにベストの作戦なのです。

② 「業界誌」を買うなら、それきっかけで、その業界誌の担当者と話をさせてもらう

　これは僕もコンサルタント時代に結構やっていました。ワインの業界誌を買っても読まないし、そもそも難しすぎますよね。だって、その業界通が読むわけですから、素人の僕らが読んだところで理解できないのが当たり前。

　そんな時に2年分、下手すると3年分のバックナンバーを買いあさり、それをお土産に担当者と話をさせてもらうのだ。これ、ぜひ皆さんにも真似してほしい。

　当たり前だが、担当者と関係を作ることができれば色々と突っ込んだ質問ができる。「最近、ワインショップが色々とできていると思うのですが、何が決め手で、その店の勝負が決まっていると思いますか？」などと、載っている／載っていないに関係なく考えてもらうことも可能です。相手の発言の一つ一つが、公には出しませんが、ヒアリングでの発言と同等以上の価値を持つことになります。

③ チェーン店ではない独立系のイタリアンに行って、1本ワインを空けた上で、2本目に突入する時に店長を捕まえて話を聞く

　まさに、こういうのがHOWのインサイトのお手本。見えづらい「ワインの流通、卸」の世界を理解できるし、何よりクライアントはそんなことしたことがないから、そのインタビュー自体がクライアントにとって、ものすごい価値をもたらします。

以上、いかがでしたでしょうか？

これが、僕が認めるHOWのインサイトなのです。

　一見、かっこいいインサイトであるWHATのインサイトだけに力を入れず、HOWのインサイトにこだわっていただきたいのです。

　ではここで、図を見てください

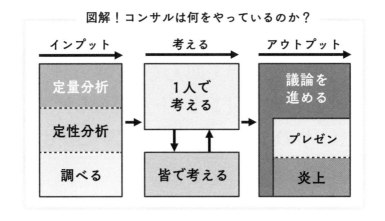

図解！コンサルは何をやっているのか？

　図にある「インプット」ですが、調査会社にアレンジされたインタビューや、お客さんからもらったデータをただただ分析するとか、そういうのだけではありません。
　まさに、

「泥臭い」動きによって集まったリアルなインプット。手触り感のある材料をいかに作れるか？

　これがコンサルタントの腕の見せ所、ジュニアメンバーの付加価値の出し所なのです。やはり、「材料作り」ができて1人前なんですよね。

こんな感じでですね。

「コンサルタント」がやっていることは、想像以上に泥くさいです。そしてその「泥くささ」は、HOWのインサイトから始まることがとても多い。これはもちろん、コンサルに限らず事業会社でも同じですからね。

ということで、ここからは「材料作り」についてのコンサルの思考、お作法を、いくつか伝授させてくださいませ。

> **何かにつけて叫んでください。**
> **HOWのインサイトが足らん!**
> **HOWのインサイトを出していこうぜ!**

Googooooooooogleまで見切る
VS
2ページまで見る

あなたは今まで、グーグル検索をした時に
何ページ目まで見たことがあるのか

本当にそうなのよ。若手時代に、ジュニア時代に価値を出すために極めるべきは、やっぱりこれですよね。

「調べる」という材料作り。

この「調べる」について、コンサルの思考と心得を語ってしまおうかと思います。
「調べる」のポイントと言えば、もちろんこれ。

根性です。何から何まで隅々まで調べる根性。

根性があれば、本当になんとかなります。
もちろん、思考の技術的には色々あるのですが、ジュニアメンバーのそれなんてたかが知れてますし、そう簡単に技術は磨かれません。
その時に、圧倒的に大事になってくるのが根性。
現在の「調べる」に欠かせないのが、もはや「先生」を付けて語られることも多いこのお方、グーグル先生です。皆さんも当然、グーグル検索、グーグル先生に頼りまくっているかと思いますが、その時に何ページ目まで見ているでしょうか？
例えば、柔術の技の1つである「スタッキングパス」について調

べようとした場合、大半の人が1ページ、多くても2ページ程度でしょう。でもそれでは、「調べた」とは言えません。

　例えば、それがクライアントから言われた調べものだとします。その場合、皆さんが恐怖として認識しておくべきことは、クライアントからのこの一言ですよね。

このページ見ましたか?(見てないでしょ?)

　この言葉が放たれた瞬間、信頼は失ってしまいます。

　このグーグル検索という、やりようによっては「ただただ調べるだけで価値が出る。やるだけで素晴らしく感謝される」という作業でポイントを稼げないとすると、若手、ジュニアとしては得点を取るところが無くなってしまう。

　だからこそ僕らは、

Gooooooooooogleまで調べ切らねばならない

　のです。「次に」を押しまくり、グーグル先生が嫌になるくらい調べ切らねばなりません。その目安は、

調べたキーワードと「文字面、響き」は同じだが、意味が違うものが現れ出すまで。

　例えば、僕が提供している「考えるエンジン」をグーグル検索した場合で言えば、10ページも進めると、「……と考える。車のエンジンは……」というように、論点思考を学ぶ「考えるエンジン講座」ではなく、車などの「エンジン」と、偶然ある「考える」がたまたま載っているページが現れ出します。

　調べ切ると言っても、それを本当にやり切れる人は少ない。だか

らぜひとも、

調べ切らないと気持ち悪い。
調べ切らないと落ち着けない。
調べ切らないと話にならない。

これを今のうちから常識化しておいてくださいね。

では、最後に「BCG時代の親友の奥さん＝真弓さん」のエピソードを1つ。

伊豆に旅行することになり宿泊先を探そうとした時、彼女は何をしたのかというと、伊豆半島にある全ての宿泊施設のHPをチェックしたそうです。その結果、一休.comなどではひっかからない最高の隠れ家的な宿泊施設を探し当てたという。

もちろん、調べ方のうまさもあるのでしょうが、それ以前に、そこまで調べるのか？という狂気が大事なのです。

狂気を宿らせる癖を付ける。
そしてグーグル先生に
「もう何も無い!」と言わせよう。

国会図書館のコンサル
VS
グーグル検索のコンサル

「不便」だからこそ、ちゃんと物事を考えてから動き出せた。が、しかし

皆さんは国会図書館に行ったことがありますか？

グーグル先生がまだデビューしてない頃、僕らコンサルタントの下っ端は今と同じく、答えの無いゲームに勝つために狂気をはらみ、ありとあらゆる情報を調べることに奔走した。その中でも、僕らの頼もしい味方になったのが国会図書館です。

ネットで調べて出てきた関連してそうな「高価な本」や、20年以上も古い地方紙などを見てみたい時、国会図書館は僕らのオアシスだった。だから、コンサルとして駆け出しの頃に次のような行動をしてしまうのです。

とりあえず国会図書館に行こう！

そして、実はこれが最悪なのである。

例えば、何かプレゼントを買わないといけない時に

とりあえず伊勢丹に行こう！

などとすると、何階に行って、どの店に入り、でも何を買うのか決まってないから結局ウロウロするだけで時間を浪費する。そして、

中途半端に目についたものを無駄に買ってしまう。伊勢丹に行く前に、何が欲しいかの思考を存分に行い、それがありそうなお店はどことどこで、それは何階にあり、どういう順序で行くのがベストなのかを考えてから動かないといけなかったのです。

　でも、人間は時間に追われていると、とりあえず動いてしまう。

　これはまさに、昔の僕のように「とりあえず国会図書館に行ってしまう症候群」だと言っていい。

　そもそも、「何を調べればいいのか」がモヤッとしていると、国会図書館へ行ってもあまりの本の多さに「無理だわ」と思うはず。

　なので、国会図書館の場合は、

　何を知りたくて、それはどの本のどの章にありそうで、その本は国会図書館に在庫があるのか、あったとしてそれは何階にあるのか？

　これをあらかじめ、考え切っておくことが大事なのです。

　調べものは、逆説的になりますが

調べ始めたら負けであり、
始める前に決着がついている。

　と言っていいでしょう。

　ですので、「徹底的に何を調べるのか？」を圧倒的に調べ切ってから調べる。これが大事なのです。

> ## 「とりあえず行動しよう」は
> ## 調べる場合はご法度。
> ## 調べる前にまず考えよう!

手品を見るように

VS

淡々と、冷静に

CDIエース、oririの代表「小川さん」に教わった
コンサルタントの振る舞い

さて、ここでは「調べる」上でのメンタリティを伝授いたします。

「調べる」は、どう転んでも面倒くさい。だから、調べものをしているといつのまにか淡々としてしまう。

でも、まずそもそも「クライアントから、あれ読みました？と言われる恐怖」がどれだけあろうとも、狂気に満ち溢れてスタートしたとしても、途中で息切れしてしまうでしょう。ですので、調べる時には、自分で自分を盛り上げることが必要になるわけです。

その時にイメージしてほしいのが、

手品を見る時の反応

です。それもとびっきり、手品師が喜ぶような反応だ。

具体的には、

わーーーほんとに？え？どうして分かるの？
スペードの3？ちょっと鳥肌が立ってしまいました！

みたいな反応。まずは素直に受け止め楽しむこと。圧倒的に楽しんでください。

その上で、どうやったんだろう？タネや仕掛けはどうなって

いるんだろう？と、その仕組みと裏を考える。これが手品の楽しみ方であり、モテる秘訣です。

　でも、なぜか大半の人は次のような反応をしてしまう。

ふーん、どうせ何か仕掛けがあるんでしょ?と冷ややかに見る。

　からの、

タネや仕掛けには全く興味を持たない。

　これ。こんなんでモテるわけがありません。

　そして実はこの話、「調べる」でも全く一緒なのです。

　作業として淡々とやり続けても、いい結果は得られません。手品を見るかのようにやる、これが大事なのです。

やっと見つかった!ラッキー!何これ?こんな感じなんだー。で、これってどうしてこうなってるの?

　こんな感じで、自分で盛り上げていくことが大事なんですよね。

　以上、035から３連発で説明してきたことを、僕は「調べる」メンタリティと呼んでいます。

「調べる」メンタリティは
①最後まで調べる狂気に満ちて
②調べる前に考え
③手品を見るように調べる

038

Day0（デイ・ゼロ）

VS

Day1（デイ・ワン）

「Day0」を制するものはプロジェクトを制する

皆さんの仕事は、いつ始まるのだろうか？
皆さんは仕事を、いつ始めるのだろうか？
クイズ形式で考えて行きましょう。

　ついこの前、とあるプロジェクトが終わりひと段落ということで、トライフォース大島の金曜日午前11時からのレッスンを受けてきた。柔術は「何も考えない、全てを忘れる」時間を過ごすことができるから最高。

　レッスンも終わり、石毛先生に挨拶をして駅に向かうと、オフィスのスタッフィングチームから電話だ。時刻は13時。嫌な予感しかしない。

「高松さん、今って大丈夫ですか？梅原です」
「お、梅原さん。どうもです。今もコーラ飲んでますか？」
「次のケースが決まりました。来週の月曜日からです」
「ケースは？」
「ケースは、保険会社の人事制度プロジェクトです」
「あ、加藤さんの？了解しました」
「後でメール送りますが、月曜日の9時から社内ミーティングをやるそうです」
「了解しました」

144

「では！」

遅くなりましたが、ここからがクイズです。
仕事の始まりは、次のどちらだと思いますか？

A.電話を貰ったその瞬間、金曜日の13時
B.当然、来週の月曜日の９時

まずは呼び名から整理しておきましょうか。
プロジェクトが始まる日＝「Day1（デイ・ワン）」
その日までの日＝「Day0（デイ・ゼロ）」
こう呼びます。

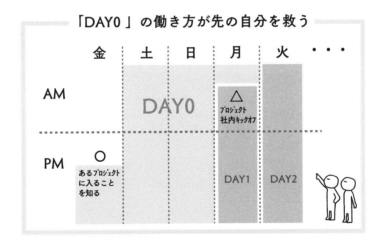

「DAY0 」の働き方が先の自分を救う

プロジェクトは当然そうですが、仕事をする上で「差がつく」のは何と言っても

「Day0（デイ・ゼロ）」の過ごし方

でございます。「Day0（デイ・ゼロ）」は勝負所、本当に大事なのです。

しかしながら、もちろんここにもVSが存在します。

来週から「どうせ」忙しくなるから遊んでおこう

VS

来週から忙しくなるから「少しでも」仕事しておこう

この二項対立は本当に悩ましい。

気持ちは分かりますが、仕事というのは不思議なもので、追いかけられると辛いけど、一歩でも先に行ってると楽しめるもの。故に、DAY1の前に、そのDAY1に向かって準備をしてしまうのが大吉なのです。

では、もう１つクイズを出しましょう。

　僕は当然、金土日の予定を全てキャンセルし、「DAY0」の為に時間を空けた。今、分かっているのは先ほどの電話通り「ケースは保険会社の人事制度プロジェクト」だということだけである。

　さて、皆さんはDAY0として何をするだろうか？

当然、ここでも先ほどお話しした「HOWのインサイト」です。お題は「保険会社の人事制度プロジェクト」ですから、そのケースを乗り切るため何をするのか。

一般的にやることを書いておきましょうか。

---

　①新宿の紀伊国屋へ行って、人事制度に関する本を５冊ほど購入。保険業界の本も念のため１冊。

この動きはMUSTですよね。もちろん、Amazonでポチってもいいのですが、その日に読めないのと、表紙の雰囲気や目次、立ち

読みした感じで「どれが良さそうか？」という直感を働かせて選ぶ必要があるため、本屋に足を運ぶべき。

> ②「提案書」を必ず、いち早く貰う。

これも当然の動きですよね。どんなプロジェクトなのかは提案書を見るのが一番。提案書に散りばめられたキーワードを収集し、何より、どんなことをクライアントが悩んでおり、こちらはどういう仮説、進め方をしようとしているかを把握する必要があります。

> ③あとは当然、グーグル先生とディープに付きあおう。

本と提案書から得た「キーワード」をもとに、グーグル検索スタート。誰よりも詳しくなるんだ、関連しているサイトは全部見てやるんだと狂気を滾らせてください。

以上、こんな感じでも相当いい線いっているDAY0であることは間違いないのですが、まだまだ皆さんの力はそんなものではないはず。

HOWのインサイトよ舞い降りろ！
君たちに制約はない！
自由な発想で生み出すんだ。最高のTASKを！

それではここで、3つほど僕の好きなHOWのインサイトを挙げておきましょう。

①やっぱり仲間に聞くのが気兼ねないし、聞けるって最高。ということで、この件に詳しい仲間を探す。ありとあらゆる手段を使って探す。

圧倒的に、DAY0の勝負はここから始まる。僕の場合は土居ノ内くんでした。今回は人事制度なので、自分の仲良しで「人事部」にいる人はいないのかを徹底的に探す。その上で、コンフィデンシャリティを守れる範囲内で色々と聞く。

　例えば、今回であれば「今時の認識で言うとさ、日本の人事制度の課題ってどの辺にあると思う？」とダイレクトに議論する。その中で分からない言葉とか当然出てくるので、それをつぶさにメモる、調べる。そうすれば、ケース中に「それ、どういう意味？」と言う機会は減る。

　そして何より大事なのが、

またいつでも聞ける関係にしておくこと。

　まだDAY0だから、プロジェクトの論点を必ずしも理解しきれてないし、DAY1以降も聞くことがあるので、今回だけでなくいつでも聞けるような関係を築くことが大事です。

②アマゾンも含めて普通の書店だけではダメ。古本屋でも「古典」の名著を探る。

　今でも覚えているのですが、プロジェクトの中で人事制度マニュアルが論点になりそうだったので、書店を調べてみたが参考になりそうな本が無い。そこで神保町の古本屋をあたってみたところ、人事制度マニュアルの実例が載っている古い本をゲット。これぞ執念とも言えますよね。

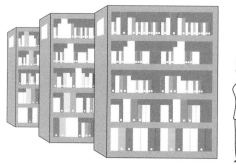

③世の中はパブリックなソースだけじゃない。Twitterや
ブログも「生々しい」情報を得るには最適。

　ビジネスをしていると、やはり「正式なソース」を無意識に探してしまう。本しかり、業界誌しかり。でも、社外秘の性格が強い人事制度の情報などは特に、表に出てくるわけがない。そういう時こそ、Twitterやブログで「過去の話、愚痴、つぶやき」を探すべきです。特にTwitterは、DMを片っ端から送れば直接インタビューできるかもしれない。

　今さらですが、SNSの使い方は本当に大事です。

　以上、こんな感じでHOWのインサイトをぐりぐり飛ばしながら、最高のDAY0にしてほしい。それをしないでDAY1を迎えたとすれば、もうそれはかなりのディスアドバンテージなのですよ。

　会社のためではなく、自分の為にDAY0をやる。

　本当に大事です。

スタートはDAY1に非ず。
勝負はDAY0。
始まる前に決着をつけましょう。

誰が活字に落としたか？
VS
誰が言ったか？

天才、市井さんの言葉を丁寧に活字にしたら褒められた。これも付加価値

　コンサルティングでも、事業を進める上でも、毎日毎週繰り返されるのが「議論」「ミーティング」です。コンサルで言えばディレクターが、事業会社で言えばマネージャーが、執行役員が、会議の場で鋭い発言をする。

いつかは僕も言えるようになりたい。

　とよく思ったものですよ。

　BCGの時に、たしかマレーシアの人材斡旋の会社（日本で言うところのビズリーチ）を買収するというプロジェクトにアサインされ、意気揚々と社内のキックオフミーティングに参加しました。

　そこでは、今でも仲良くさせてもらっている市井さん（その当時のBCGのパートナー。今はベインの偉い人）が色んなインサイトフルな発言をして、議論は大いに盛り上がった。そうつまり、一番価値を出したのは「発言をした市井さん」ですよね。

　そのミーティングが終わり、自分の整理のために議論を「議事メモ」として作り、皆に「自分の備忘録ですけど」といった体で市井さんも含めて共有。それはキックオフ資料を作るにあたり、ベースとなる材料となりました。

　さて、皆でいつも通りにPowerPointの資料を28枚位作って、クライアント先で議論しめちゃくちゃ盛り上がって、その帰りのタクシーの中でマネージャーが笑顔で言ったんですよ。

高松さんのインサイトで勝ちましたね。
カニバリの分析、最高でしたね。

　いやいや、めちゃめちゃ驚いたことを覚えています。だって、市井さんが言っていたことを、活字に落としただけなんですから。
　とはいえ褒められたので、その後は「議事メモを書いといてね」と言われなくても率先して用意するようにしていたら、その度に、

活字にしただけなのに、
勝手に自分の成果になっていた！

　わけですよ。

これ、本当にエポックメイキングな気付きでした。

だって、それまでは０から何かを生み出し、発言することだけが価値と思っていたのに、それをちゃんと「活字に落とす」だけでも価値になるのですから。

もちろん議論は複雑だし、ハイコンテキスト、論点が四方八方に飛ぶ、発言に冗談が混じるなど、「正しく」活字にするのは一苦労を超えて相当難しいです。

でも、ある程度のクオリティを担保できれば、イメージで言えば「50点＝仮に添削するとすれば、いくつか赤字が入る」程度のレベルで書ければ、

最初に活字にした奴が一番えらい！

のです。だから皆さんも今日から徹底的に、「活字化」のチャンスを前のめりで取っていきましょう。「やらされ」議事録から、「自ら」議事メモに変わった時、それは立派なコンサルタントです。

さらに言うとね、それを事業会社でやろうものならもうね、無双状態ですよ。

> 今日からしれっとした顔で
> 「議事メモ、書いておきましたよ」マン
> になりましょうぞ。

1次情報 VS 2次情報

世の中は「2次情報」に踊らされがち。
だから見誤らない目を養ってほしい

まずは、僕が大好きな小話を共有させてください。

> 靴のセールスマンが2人、南洋の孤島を訪れた。
> 島の人たちを見ると皆が裸足である。
> そこで1人のセールスマンは、本社に次のような手紙を出した。
> 「えらいところへ来ました。我々にはまったく用の無いところです。誰も靴をはいていないんですから」
> ところが、もう1人のセールスマンは、興奮しながら本社にこんな電報を打ったという。
> 「すばらしいところです。まだ誰も靴をはいていませんから、いくらでも靴が売れます」

皆さんは、これを見てどのようなメッセージを感じ取りましたか？ 色々ありますよね。ぱっと浮かぶのは、

目の前の状況を＋にするのも－にするのも、その人次第だ！みんな前向きに行こうぜ！

みたいなメッセージ。おそらく、このように感じた人が多いと思います。

でもね。

僕は、もう1つ大きなことを教えてくれるお話だと思っているんです。

見る人によってモノゴトの捉え方は180度変わってしまうのだから、圧倒的に「自分で見る、1次情報に触れる」習慣をつけましょう。

そうなんです。

何か物事を考える時、特に重大な決断をする時は2次情報をベースに判断しないことが重要なのです。

分かりやすい話で言えば、皆さんがビジネスをしている時にこんなことを言っているのを聞いたとします。

社長はどちらかというと新規事業に反対らしいよ。だから、既存事業での成長を基本としたほうが良さそうなんだよね。

そんな時は、言っている人との信頼関係は置いといて、常にこのスウィッチを入れてほしい。そう、1次情報を取りに行くスウイッチです。

つまり、今回で言えば

じゃあ、社長に直に聞いてきます。

　これ。この姿勢が、ビジネスにおける大きな間違いを避けることにつながるのです。

　もちろん、いつでもできるわけではありませんが、少なくとも頭の片隅で、「これは1次情報をつかんだ VS これは2次情報に甘んじている」という VS を意識してほしい。

　でも実際は、社長とかエライ人は忙しいし、何より怖いし、距離を縮められる人が少ないため、想像も含んだ2次情報が蔓延しがちなのである。

　ところで先ほどの話ですが、ちゃんと社長に聞いてみると

　「新規事業は考えないほうがいいんですか？社長は新規事業がお嫌いだという話を聞きまして、一応の確認です」

　「いや、そんなことないよ。新規事業は"千3つ"と言われるほど難しいもの。だから、安易に新規事業を売上アップのスジにしないことが大事ということであって、嫌いとかいう話ではない」

　こんな感じになるのが通例だったりします。

　ニュアンスがだいぶ違いますよね。だから、胸に刻んでおきましょう。

2次情報に甘えない。必ず、1次情報を取りに行く。

　これは、記事検索でも同じです。

例えば、インターネットや日経テレコンと呼ばれる情報ソースを駆使してテーマの記事を検索し、インプット材料を探すことはよくあります。そうすると良い記事に出会い、ガッツポーズしながら、その記事を急いでスライドに落とそうとする。

　しかし、そんな時は必ず「僕は1次情報しか信じない！」と叫びつつ、すぐに動き出してほしいのです。

この記事のソースはどこになってる？
それを見に行って1次情報を取りに行こう！

　まさに、刑事ドラマで言えば「裏は取れているのか？」という話ですよね。

> # 1次情報はまだ見つからないですが
> # この記事面白くないですか？
> # と言えたら一人前。

041

$$1+1+1=3$$

VS

$$1$$

1つの記事だと不十分でも 3つ紡ぐと「価値」になる

さくっと記事検索をする時の Tips を伝授したいと思います。

記事をベースに議論材料を作る際に最も気を付けるべきことは、もちろん先ほどの「１次情報に拘る」ですよね。でも、そう簡単に１次情報にたどり着けるとも限らない。

だからと言って、そのまま１つの記事から材料を作ってしまうと、

ねぇ、これってこの「1つの」記事をただただスライド化しただけだよね?

となってしまいます。

そして、皆さん意外とできないのが同じテーマの記事を３つ４つ複数ソースから集めて、それを基に１つのスライドにすること。

やってみると分かるのですが、一つ一つの記事をつぶさに見ていくと、「ある記事にはこれが書いてないけど、この記事には書いてあるやん」みたいなことがよくあります。それを丁寧に紐解いていけば、良い材料となるわけです。

例えば、どこかの社長が複数の媒体で、複数回のインタビューでそれぞれ自分の成功事例を話しているとします。社長も人間ですから、同じテーマのインタビューであっても、内容が微妙に異なって

いたり、時には口が滑っている場合もある。

　だから、もしあなたがその社長の事業の成功要因、KSFをあぶり出したいのであれば、記事を1つ見つけたからといって安堵するのではなく、2つ目以降の記事を探すべきなのです。

　繰り返しになりますが、同じテーマの記事を3つ4つ複数ソースから集めて、それを基に1つのスライドにするのが鉄則でございます。

書き手が変われば記事も変わる。
つなぎ合わせるだけでも
示唆の出やすいファクトとなる。

042

ホワイトボードのペンを持つ

VS

持たない

コンサルタントはホワイトボード好き。僕も家にバカでかいホワイトボードを置いていた

　2年目が終わる頃には間違いなく、いっぱしのコンサルタントとして立ち上がっていなければならない。それは事業会社も同じはず。新人、1年目のうちはいいですが、2年目となり下から新しいニューマンが来るわけですから、いつまでも「ひよっこ風情」ではいられないわけですよ。

　しかしながら、まだまだ実力としてはマネージャーの方が遥かに上であることは間違いないでしょう。議論1つとっても、マネージャーが言うことに対してただただ

よくもそんなことがノータイムで浮かびますね。

　と感心しながら、言うことを必死にメモるだけに終始してしまいがち。無理もありません。ですが、それではいつまで経っても「僕は立ち上がっている」とは言えない。そんな時、皆さんに勇気をもってやってほしいことがあります。それは、

ホワイトボードのペンを持つために立ち上がる。

　その持っている姿からすでに「仕切っている感」が出ているのでプラス。ホワイトボードのペン（ホワイトボードマーカー）には、そ

んな不思議な魔力があります。

あるいはリモートミーティングであれば、画面共有だけでは弱いので

画面共有+ノートアプリで自らペンを持ち書き込む。

　たったこれだけですから、ぜひとも勇気をもってやっていただきたい。ほんと、ペンを持つだけでも自分事にできますから。

　これは居酒屋で「メニューを持つ」のと同じ効果だなぁと。メニューを見てるだけで、その人からなんかリーダー感が出ますよね。リーダーでも何でもないのに。

> 上司のいるミーティングで
> ホワイトボードのペンを持てた。
> この一歩は本当に大きいのです。

043

9マス

VS

空パック

将棋は81マス、囲碁は324マス、そしてコンサルタントは9マス！

コンサル業界に身を置いていると気付きづらいのですが、本当にコンサルタントはよく分からない言葉を使います。

その代表的なのが、

9マス

これ。皆さん、9マスって知ってますか？

まさに、先ほどのホワイトボードのペンを片手に書かれるのが、9マスというものです。

9マスとは、PowerPoint資料を作る時に、ホワイトボード全体を「縦2本、横2本」に分けて、さらに9個のマスに分けて、その1つを「スライド1枚」に見立てて、スライド構成を考えること。

どんな感じかというとですね。次ページの図を見てください。

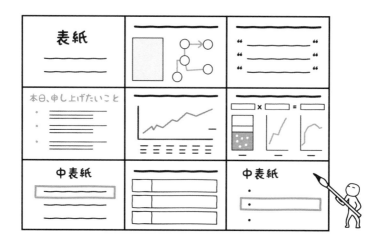

　表紙から始まるストーリーを9マスで示すのです。

　実際のPowerPoint資料は、9枚で留まらず28枚とかになるでしょうが、その中でもキーとなる部分のスライドを、ストーリーラインを構成するスライドだけをしっかり描くイメージでございます。

　それが9マス。

　全体パッケージのキーの9枚だけを整理したのが9マス。

　人によっては、「縦3本、横3本」で分けて16マスをやる人もいます。

　さらに、それと同じような使い方をしてるんだけど全く異なるもので、

空パック（読み方:からぱっく）

　というものがあります。「スケルトン」とか「紙芝居」と呼んでいる人もいる。

　空パックとは、PowerPoint資料を作る時に、タイトル（メッセージボックス）だけが書かれたものを指します。

　ちなみに、僕は空パック反対派なので、あえてもう少し、メッセージを超えて定義を書くと次のようになる。

空パックとは、PowerPoint資料を作る時にタイトル（メッセージボックス）だけを書き、考えた気になっているが何も生んでいない、つまり作るだけ無駄なものを指します。

　空パックは本当に無用の長物なので、今後一切作るのはやめてほしい。なぜなら、タイトルだけ書いてストーリーラインをチェックするのであれば、PPTにする必要は無くWordの方が圧倒的に一覧性もあり見やすいですからね。タイトル（メッセージボックス）を書くんだったら、ちゃんとボディのイメージまで書かないと意味が無いじゃないですか。

　よって、僕は常日頃からこう言っています。

空パックが生まれているプロジェクトは死んでいる。

　もし、マネージャーがしっかり頭を使い切れていれば空パックなど生まれず、Wordでバチバチのストーリーラインがメンバーに配られますし、さもなければメンバーがたたき台として書いています。その時間が取れず思考が後手後手に回ってしまった時に、考えたふりをせねばならない時に作られるのが空パックなのですよ。

　ちゃんとプロジェクトが回っている時は、けっして空パックなんて生まれません。

> # 何が言いたいのかというと、
> ## 中途半端なことをせずに
> ## 9マスを愛しましょう！

エグゼクティブサマリー

VS

表紙

エグゼクティブサマリー、略して「エグザマ」

コンサルタントの1年目は「材料」＝いかに良いインプットを作るかでした。ちょっとカッコつけて言うと、

HOWのインサイト

でした。何度も言いますが、材料が良ければ、あとはチームで何とかすればいい。だから第一優先は材料作りである。これを絶対に忘れないでください。

しかしながら2年目に入ると、スライド1枚なら書けるようになり、3枚、10枚と少しずつ増やして行きたい頃合い。

だからここでは、PowerPoint資料の作り方を丁寧に伝授しておきたいと思います。実際のPowerPointテクニックではなく、コンサル用語で言うと「パッケージング」と呼ばれる、資料全体の作り方についてです。

さて、PowerPoint資料を作る時に忘れてはいけない格言があります。それは、

「表紙」より真っ先に作ろう
エグゼクティブサマリー！

これ。

そしてエグゼクティブサマリーとは、

「資料を全部読むなんて、時間も無いしウルトラ面倒くさい」であろう、踏ん反り返っているエライ人、偉そうな人。そんな人たち向けに、その資料で「言いたいこと」「伝えたいこと」をまとめたものがエグゼブティブサマリー。略してエグザマ。

これ。または、僕の好きな呼び名は「まとめスライド」です。

そして、最初から結論を言ってしまうとですね。

PowerPoint 資料が何枚あろうとも、エグザマは最も大事なものであり、まず最初に作らねばならないものなのです。

何があっても、最初にエグゼクティブサマリーを書くことを忘れてはならない。

それでは、エグゼクティブサマリーから始まる PowerPoint 資料の作り方を説明しましょう。まずはアウトプットの作り方の全体像ですが、これは少し前に繰り返した呪文の通り、

［ロ→サ→Ｔ→ス→作→ア］

ですね。これの［ア］こそが、今回のテーマ、PowerPoint作成になります。だから、［ア］が始まる前に［ロ→サ→Ｔ→ス→作業］が終わってなければいけない。

先ほどの「空パックを作ってはいけない」につなげると、［ロ→サ→Ｔ→ス→作］の間でPowerPointが開かれることはないということです。

作業が終わると、全ての「伝えたいメッセージ」は整った状態になります。つまり、「何を伝えるのか？」の思考は終わり、「いかにPowerPointで伝えるのか？」だけが残っていることになる。これは、「考える」と「描く」を分けるの話にもつながってきますからね。

ところで、032のテーマを覚えていますか？

Wordでスライド構成まで考える　VS　すぐさまPowerPointを開く

これ。ここでの話を、「エグゼクティブサマリー」「9マス」「16マス」「空パック」を含めてまとめてみましょう。

① そのスライドで答えようとしてる「論点（問い）」を明確に言語化し、できれば現時点での仮のメッセージをぼんやりイメージして文字に落とす。もちろんWordで行う。
ここで「空パック」を作ろうとする輩がいるので注意が必要。
この段階で「仮」だった、言えそうなこと、伝えたいことが、最終的に進化した形で「エグゼクティブサマリー」になる。だけど、今はぼんやり。

② どういう材料があれば／スライドのボディに書けば、その

メッセージを言えそうかを考える。もちろん、PowerPoint なんぞは開かない。先ほどの Word に、メモ程度に記載。このタイミングで「9マス」を繰り出す場合も無くはない。「こういうメッセージをここで言いたくて、そのためにはこういうグラフかな」などと、メッセージとその材料のイメージを伝えるには最適。ここで16マスは TOO MUCH、多いイメージ。

③ そしてインタビューを行う、事例調査を行う、分析を行うなど TASK 設計を考えて、先ほどの Word に赤文字で追記する。これも「考える」だよね。まだまだ、PowerPoint を開いてはいけない。「9マス」で分析イメージまで行ってると、ファーストカットの最初の分析はやりやすくなる。

④「描く」時間の到来。息をとめてひたすら作業。このタイミングで「何を調べようか？」とか思っていたらダメ。ただただ作業する感じ。

⑤調べたことを踏まえ、スライドで表現する「メッセージ」を磨くとともに、それを、メッセージを支えるボディにどのような内容で載せるかを考える。まだ Word。まず、ここで「エグゼクティブサマリー」を Word で書く。実際は PowerPoint になるが、スライド1枚分をイメージしながら Word で書くのが思考を深めるコツ。そして、その「エグゼクティブサマリー」に合わせて材料を順番に用意していくイメージで、Word で書いていく。繰り返しになるが、まだ PowerPoint は開かない。

⑥その上で、どういうスライドフォーマットにするかを考えた

上で、「PowerPointにコピペしたら良い」というレベルまで
文言を磨きこむ。もちろんWord。
このタイミングで、Wordで「スライドフォーマット」を書い
てもいいし、実際に絵にしたほうが良いなら手書きもあり。

⑦さあ、大好きな時間だ。「どういうバランスで、どういう色
味で書けば、より美しいのか？」を論点に、PowerPointに
落とし込む。
そして最後に、⑥をもとに作業。あえて言えば、このタイミン
グのPPT作成という作業をチームで分担するとか、後で各自
が作ったPPTをマージしやすくするために「確定した」タイ
トルだけを書いたPPT＝空パックを作るのはあり。

以上、これでかなり解像度が上がってきたかと思います。
　ぜひとも皆さん、エグゼクティブサマリーから作ることを忘れな
いでくださいね。

「表紙」よりも 真っ先に作ろう エグゼクティブサマリー！

045

「9マス」を半分信じる

VS

「9マス」を全て信じる

マネージャーも悪気は無いんだけど
え?罠?という話

　PowerPoint資料の作り方、プロセスと、その間の中間生成物である「9マス」「16マス」「エグゼクティブサマリー」「空パック」の位置付けについては、ご理解いただけたかと思います。

　ではここで、ジュニアメンバーが必ず悩む、そしてハマることがありますので、それについて語ってしまいましょう。

　ハマッてしまうという事態を最も引き起こしやすいもの、それは「9マス」という便利でやっかいな位置付けの代物であります。

　9マスは作業する前に生まれています。具体的には、こういうことです。

①そのスライドで答えようとしてる「論点(問い)」を明確に
　言語化し、できれば現時点での仮のメッセージをぼんやりイ
　メージして文字に落とす。もちろんWordで行う。
ここで「空パック」を作ろうとする輩がいるので注意が必要。
この段階で「仮」だった、言えそうなこと、伝えたいことが、
最終的に進化した形で「エグゼクティブサマリー」になる。だ
けど、今はぼんやり。

②どういう材料があれば/スライドのボディに書けば、その
　メッセージを言えそうかを考える。もちろん、PowerPoint

なんぞは開かない。先ほどのWordに、メモ程度に記載。こ
のタイミングで「9マス」を繰り出す場合も無くはない。
「こういうメッセージをここで言いたくて、そのためにはこう
いうグラフかな」などと、メッセージとその材料のイメージを
伝えるには最適。ここで16マスはTOO MUCH、多いイメージ。

③そしてインタビューを行う、事例調査を行う、分析を行うな
　どTASK設計を考えて、先ほどのWordに赤文字で追記する。
　これも「考える」だよね。まだまだ、PowerPointを開いて
　はいけない。
　「9マス」で分析イメージまで行ってると、ファーストカット
　の最初の分析はやりやすくなる。

④「描く」時間の到来。息をとめてひたすら作業。このタイミ
　ングで「何を調べようか？」とか思っていたらダメ。ただた
　だ作業する感じ。

　9マスとは、ぶっちゃけて言えば

その時点の「マネージャーの思いつき」にすぎず、ガチガチに固まったものではなく、ある意味では指針。

　だからチームで、マネージャーと「9マス」を作っている時の心
情としてはこれが正しい。
　マネージャーって本当に優しい。こんな感じで作ればいい
よ！というのを、Wordではなく、ちゃんとスライドイメージ
を分析のイメージまで付けて書いてくれている。けど、それは
現時点での仮説だから、作業をしながら適宜変えていかねばな
らないし、変わるもの。

　この認識をもって「9マス」を取り扱うのが大吉なのです。

　ですが、ジュニアの頃は「そこまで書いてくれたのだから、それ通りにやらなければならない」と固執する。ていうか、もっとひどいのは、

それ通りにやれば仕事は終わるし怒られない！

　という感じでやってしまう。もちろん、そんなわけはありません。

　仮に、その通りにやって、次のミーティングのタイミングで仕上がったPowerPointを持って行って見せると、必ず次のような展開になるでしょう。

　「え？全然面白くないじゃん。なんで、あんだけ材料あったのにこうなわけ？」

　「え？あの……9マスの……通りに……」

　「9マス？あれはあくまでイメージでしょ。あのまま作れば良かったら、あなた、要らないじゃん」

　ということで、あくまで取り扱いには注意が必要なのですよ。

　経験則で言えば、「9マス」の全てを鵜呑みにするはポンコツ。結果的に「9マス」の半分が同じになるならエース。

　余談になりますが、チームでマネージャーと書いた「エグゼクティブサマリー」は、「9マス」とは異なり絶対となります。まさに、

一言一句変えてはならぬエグゼクティブサマリー

　となります。当然、PowerPoint作成のスタートがこのエグゼクティブサマリーですから、どんな表現をするか拘り抜いた結果なので変えてはなりません。

以前、僕の師匠である加藤さんと一緒にエグゼクティブサマリーを作ったことがあるのですが、その時に1つ、実験的なことをしてみました。

　それは何かというと、エグゼクティブサマリー内の「・」を「/」に変えてみたんです。それも30枚、いや、もっとあったスライドの1枚であるエグゼクティブサマリーだけ、何も言わずに変えてレビューに臨んでみたんです。

　そうしたら、いつもながらにBCGではお馴染みのVコーンというボールペンの赤を取り出し、エグゼクティブサマリーを真っ先に見て、おもむろに「/」を「・」に修正しました。それを見た瞬間、化け物すぎると思いましたよ。

思考を、言葉を練りに練りこんで作ったのがエグゼクティブサマリー。

　まさに、変えてはならぬエグゼクティブサマリーと心に刻んだ瞬間でした。

> PPTの作成プロセスを
> ここぞとばかりに進化させつつ
> それぞれの中間生成物の扱い方を
> 整理しておくのが吉。

046

表とWordスライド
VS
凝りに凝ったスライド

スライドライティングをする時の
基本指針を伝授したい

　PowerPointの作り方の流れが整ったところで、最後にスライド一枚一枚のフォーマット＝どういうスライドにすれば良いのかについて、皆さんに伝授したいと思います。

　何か伝えたいメッセージが決まり、その材料が揃った時、誰もが次のような思考をします。

どんなスライドフォーマットにしようかな？

　そして、過去のスライドを持ってきてみたり、コンサルタントの価値は「スライドの美しさだ」と言わんばかりの凝ったスライドを作ろうとする。

　これ、残念ながら全然違いますからね。

　まずは大前提として、根本的にちゃんと理解しなければならないことがあります。

　それは、

　誤解なく最も読み取りやすい情報は、表とWordである

　ということ。

　そうなんです。皆さんが最も読みやすいのは、

　箇条書きで書かれた文章と横軸縦軸の表

　なのです。これは紛れもない事実。

つまり、PowerPointを作る上では、こういう哲学でスライドフォーマットを作るのが最高にセクシーだということになります。

基本的には表とWordであり、その上で「表とWord」では表現しづらい場合、その "しづらさ" を解消する形でスライドフォーマットを考える。

本当にこれが本質。

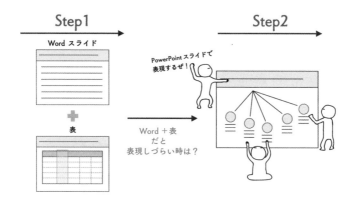

だから、この正しい思考を通って「表とWord」以外のスライドフォーマットが選ばれていれば、「なぜ、そのスライドフォーマットなわけ？」と聞かれた時に、「それはこういう部分が表とWordでは表現しづらかったからです」と間髪いれずに答えることができるのです。

その上でまだ、マネージャーやレビュー者がスライドフォーマットについて要望を言ってきたら、こう返してあげましょう。

了解しました。もちろん反映しておきますが、マネージャーの趣味の世界ですよね?

　上司なので反映させるとして、あくまで「そのマネージャーの趣味の世界」として付き合ってあげてください。今回だけのイレギュラーな対応です。

　でないと、違うマネージャーに対しても「そのマネージャーの趣味の世界」のスライドを作ってしまうと、当然言われてしまいますからね。

こういうのは要らないから。
もっとメッセージや材料に頭と時間を使ってよ。

　お気を付けください。

> 基本的には表とWord。
> それだと表現しづらい場合は
> その "しづらさ" を解消する形で
> スライドフォーマットを考える。

論点思考
VS
戦略思考
VS
仮説思考

巷に溢れる「〇〇思考」を理解しやすく定義する

コンサル2年目も中盤に入ると「作業屋さん」から抜け出し、1年目には何だかよく分からないけど大事だと叫び続けられてきた、次の3つの思考を区別できるようになります。

論点思考 VS 戦略思考 VS 仮説思考

この3つの思考は、もちろん「最初の3年間」だけで習得しきることではなく、永遠に鍛え続けなければならない。故に、それぞれ何者なのかを直感的に理解しておくことが必要です。ちなみに、VSとは言え「左側良くて右側が悪い」みたいな話ではありませんからね。

まず最初に、皆さんに対義語として理解しておいていただきたいのが、論点思考 VS 戦略思考です。明確で分かりやすく、そしてシンプルにまとめてしまいますが、

論点思考とは、「問い」の世界の思考技術である。一方で、戦略思考とは「解」の世界の思考技術である。

実に健やかであり、これ以上ない美しい整理ですよね。

少し口語っぽく説明しますと、論点思考とは、コンサルタントで

あればクライアントが、事業会社の方であれば「わが事業部」が、今後の成長のために解かねばならない問いは何かを考える上で必要な考え方を指します。

ですから、論点思考の世界では、美しい打ち手の出し方は出てきません。

一方で、戦略思考とは、論点思考で練りに練りこんだ「問い」に対してのセクシーな答えを作るために必要な考え方を指します。

ですから、戦略思考から始まることは絶対にありません。

あえて言うなら、「問いからの解」ということですから

論点思考からの戦略思考

となります。

では、最後の「仮説思考」とは一体何者なのか？

そもそも仮説とは、検証されていない状態を指します。ですので、色々な仮説が存在します。「打ち手仮説」、「課題仮説」、「戦略仮説」という感じで、何でも付けられます。

しかしながら、世の中的には一番狭い

打ち手仮説＝仮説

となってしまっているので、仮説思考が非常に理解しづらい。

「打ち手仮説＝仮説」を前提にしてしまうと、仮説思考は、「今、取り組んでいる問題」に対する、「今の時点で考え得る打ち手」を考えることになってしまいます。

これ自体は間違っていませんが、「仮説」のone of themにすぎません。

この定義にしてしまうと、今の時点で考え得る「課題」や「アプローチ」などが入ってこなくなってしまいますからね。

だから、これを機に広く捉えておきましょう。

仮説=検証されていない状態。
仮説思考とは、「今、取り組んでいる問い」に対して「今の時点で与えられてる情報で考え切るメンタリティ」のことを指す。

そうなんです、仮説思考ってのは、たかだかメンタリティなんですよ。

情報が全く分からない時はもちろんのこと、少ししか分かっていない時や、それこそあと少し作業すればもっと色々と分かる状況の中でも、「今」与えられている情報だけで、どうせ考えてもしょうがないしな！とか気持ちをそがれることなく、全身全霊で分からないことは勝手に想像しながら考え抜くことを指す。

これが、この世の中で最も分かりやすく書いた仮説思考の説明となります。

> あるクライアントの問題を解決する際に、どんな問いを答えるべきかと論点思考をぐりぐり回す時も、「クライアントのことを少ししか知らない」みたいな状況でも考え抜くという仮説思考を使いまくる。その問いの答えを作ろうと戦略思考をぐりぐり回す時も、その材料が限定であっても考え抜くという仮説思考を使いまくる。

これが、3つの思考の大事な相関関係なのです。

「問い」の世界　　　「解」の世界

　余談ですが、「論点思考」を世の中で唯一、1対1でバシバシに教えているのが、僕が提供している「考えるエンジン講座」というものです。皆さんはこの本を通じて僕と縁ができたので、さらに学びたいという方がいればぜひ連絡をくださいませ。

> 「仮説」とは検証されていない
> 状態を指すだけの言葉。
> 故に、「問い」の世界でも
> 「解」の世界でも使います。

一点豪華主義
VS
全てが平均よりちょい上

「答えの無いゲーム」の世界では、ホームランバッターが好まれる

　ここいらで、何事にも通じる、まさに論点思考にも戦略思考にも通じる話をお伝えしておこうと思います。

　仕事をしていると、潜在意識と言いますか、どこかでこう思っていますよね。

怒られたくない。

　本当に僕も怒られたくない。散々ぱら怒られてきたけれど怒られたくない。

　例えば、3つのことを頼まれたとします。そうしたら誰しも、プライベートならまだしもビジネスにおいては、3つ全てをやることを「是」とするのが心情というものでしょう。

　もちろん、その3つが作業しさえすれば終わるような、いわば「答えのあるゲーム」であれば、それで一向にかまわない。でも、僕らが仕事で扱っているのは「答えの無いゲーム」なわけです。

　だから、「ここまで行けば満足」といった線引きが無い。全く無い。

売上を上げるセクシーな打ち手を持ってこい。
どの企業を買収したら良いか、提案してこい。
この市場は10年後どうなるか、描いてこい。

そんな、まさに「答えの無い問い」を考え抜かねばなりません。それも限られた時間で、少しビジネス用語で言えばクライアントの期待値を超えないといけない時にだ。

そんな時、僕らは1つの「VS」、二項対立に直面します。

「スジの良さそうな問いだけを徹底的にやり、残り時間で"手はつけました"で済ませる」VS「平均的に全部を満遍なくやる」という二項対立です。

そんな時、皆さんは勇気をもって前者を選ぶべきだ。なぜなら、中途半端に3つやったところで全部が「何となくいいけど、これなら誰がやっても同じかな」という感じのアウトプットとなり、盛り上がらず、議論も進むわけがない。

でも前者を選択し、一点豪華主義で1つの問いに対してバチバチのクオリティのアウトプットを出すことができれば、その問いについては顧客も満足してくれるでしょう。

ここで皆さんの中には、

残り2つで手を抜いているわけだから、結局怒られるのでは?

と思う方がいるかもしれませんが、そうはなりません。

なぜかというと、その時点で「1つのことに時間と意識を投下しきれば、圧倒的なアウトプットを出すことができる」ことが証明できているからです。

クライアントも人間ですから、中にはぶつくさ言う人もいるかもしれませんが、「たしかに、このタイミングで全てができていれば最高だったけど、まぁ時間をかければ来週にはできるのだからOKかな」という安心感込みの不満ですからね。大したことはありません。

つまり、「答えの無いゲーム」をしている限りは

4打数3三振1ホームランを目指す。
決して、4シングルヒットは目指さない。

これが大事なのです。

勇気をもって時間と意識を投下するエリアを絞る。

これを忘れないでください。

仕事にフォーカスした言い方をしましたが、人生も一緒ですよ。

全てを平均的にやっていても、得られることは級数的には増えていきません。でも、1つのことに特化して、ニッチであってもキングになれば、それが旗印になり、ブランドが構築され、全てがやりやすくなりますからね。

服装も一緒です。

10万円の予算で平均的なもので全身で着飾っても、目立つことができません。そうではなく、ほとんどはファストファッションだけど眼鏡だけは拘れば、多くの人が眼鏡を見て「この人はセンスある人だ」と思い、他は「わざと」ファストファッションを着ているのだなと勝手に解釈してくれるでしょう。

つまり、

一点豪華主義が最高！

> ## ホームランを年間50本打つ
> ## 必要は無い。
> ## 1本、あわよくば3本も打てば
> ## あなたはヒーローになれる。

049

スタンスを取る

VS

ケースバイケース

意思を持ち勇気を持ち、限られた情報の中で
どちらかを選択しなければならない

　048で一点豪華主義の話をしましたが、その根本と言いますか、思考のベースに流れているコンサルタントの矜持と申しますか、大切なメンタリティがございます。

　それは、

スタンスを取る

　というメンタリティ。

　スタンスを取るとは、YESかNOか、右か左かという選択肢がある中で、「色んなことが考えられるし、まだ情報が集まりきってないけど、僕としてはこっちだと思う！」と高らかに勇気を持って宣言することです。

　そしてその逆が、何かにつけて政治家の回答のようにのらりくらりと

ケースバイケースですから何とも言えませんね。

　と返す。これです。

　議論が前に進まないし、あなたに聞いて損しましたというか、あなたはここに必要なのだろうか？とまで言われてしまいそうな発言である。

だから皆さん、今この瞬間からケースバイケースとか言うのはやめましょう。僕らに課されていることは「答えの無いゲーム」故に、議論しないと始まらない。議論するためには、そもそも自らの「答え」、つまりスタンスを作らないと始まらないですからね。

BCGの役職毎の定義にこういうものがあります。

MD（マネージング・ディレクター）＝信頼を勝ち取る
マネージャー／シニアマネージャー＝スタンスを取る
コンサルタント＝BCG的「面白い」を作れる
アソシエイト＝自ら動ける

このように、「スタンスを取る」ことは非常に重要になってくる。入社して、早い人で3年、遅くとも5年でマネージャーになる人がいるわけだから、今のうちから何に対しても「スタンスを取る」習慣を付けておくことが大事なのです。

ビジネスでいきなりというのが難しければ、日常において、例えばテレビで本当にくだらない「どちらを選んでもダメ」みたいな不自由な2択クイズが出てきた時には、YES/NOで答える。まさに質問のお手本であるようなクローズドクエスチョンが来た時には、間髪入れずスタンスを取って答えるようにしましょう。

スタンスを取れるようになって初めて一人前。コンサルだけでなく、それこそ人生も。

050

田の字

VS

VS思考

「〇〇VS〇〇」という二項対立を超える世界

スタンスを取るといっても、いつでも「白黒を付ける」というような「VS」、２つの対立構造の中での戦いをしなければいけないわけではない。そして、答えの無いゲームにおいて答えを生み出す戦略思考では、「VS」では収まらず４つに分類して考えることが多いのです。

その４分割の様子を図にすると、ある文字に似ていることからこう呼ばれている。

田の字。

僕は「田の字」という呼び名が大好きなのですが、２つの軸で分けることから「2by2」とか呼んでいる人もいます。

さて、この田の字、僕はこう位置付けております。

戦略思考の基礎は「田の字」。

では、「田の字」の使い方をイメージしていただくために、クイズを出したいと思います。

> 皆さんは、新しいサービスを作ろうとしています。
> 日常からお世話になっている「病院」向けのサービスです。

> 病院と提携するためにコールドコールをかけることになった
> のですが、どこから攻めますか？ またどう考えますか？

　ちなみに、コールドコールとは「知らない人に電話をかけて話し
を聞く」ことを指します。本当の言語の由来は分かりませんが、想
像するに「コールド＝冷たい」コールだから、関係が疎＝冷たい関
係の相手に電話をするので、そう呼ばれているんだと勝手に思って
います。
　さて、僕らがまず考えるべきなのは
　どの病院に電話をかければ話を聞いてくれるのか？
ですよね。その確度が高いゾーンを見極める思考をするわけです。
　バカの1つ覚えで、「あ行の"あ"」から始めるのは、あまりにも
戦略が無さすぎますからね。こういう時に「どうすべきか？」を突
き詰める思考が、戦略思考だと思ってください。そして、そんな時
こそ「田の字」です。2軸を作ることになりますので、「○○VS○
○」を2つ作り、4つに分類します。

　さて、まずは「どんな病院だったら話を聞いてくれそうか？ 聞い
てくれなさそうか？」ですが、

大学病院は絶対に話を聞いてくれなさそう。
独立系/街場の病院の方が相手にしてくれそう。

という感じがします。
　さすがに、いきなり慶応病院に電話しても門前払いな気がします
よね。
　一方で、街場の病院であればワンチャン、受付のお姉さんがいい
人であれば近くにいる先生に、「なんちゃらコンサルティングファー
ムの人が先生のお話をどうしても3分だけ、3つだけ質問したいっ

て言ってますが、どうしますか？」みたいに聞いてくれるかもしれないし、院長自らが電話を取って話を聞いてくれる可能性もあるでしょう。

　ということで、最初の軸はこちらでいきましょう。

大学病院 VS 街場の病院

　次に、４分割したいわけなので、もう１つの軸を考えたいと思います。

　街場の病院の中でも、どんな病院であれば話を聞いてくれそうでしょうか？

　もちろん、４軸なので「大学病院の中でも、どんな病院であれば話を聞いてくれそうか？」を考えても構いませんが、今回の場合は大学病院という時点で難しそうなので、あまりこちらは考えなくてもいいかもしれません。

　例えばですが、コールドコールなんてものは、通常なら答えてくれませんよね。あえて言えば、老舗な病院よりは、最近できた病院の方が話を聞いてくれそうな気がします。自分もそうですが、「天狗」な時、偉そうな時よりは、ゼロからスタートしたての時の方が謙虚な可能性があるでしょう。

　ということで、もう１つの軸はこうなります。

老舗（設立が古い）VS 新参者（設立が新しい）

　これで４つの分類ができましたね。

　簡単に言えば、街場の病院かつ最近独立した新しい病院が最もコールドコールに答えてくれそうだけど、一方で、大学病院かつ老舗だと、もはや取り次ぐ暇なく切られてしまうでしょう。

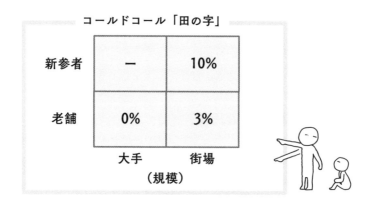

コールドコール「田の字」

	大手	街場
新参者	—	10%
老舗	0%	3%

（規模）

　ホワイトボードのペンを握り、ホワイトボードに「田の字」を書きながら、「どういう2軸で切ってあげればいいですかね？」などと言いつつ先ほどの2軸を書く。そして、「右上が攻めどころ、左下はいったん劣後に」というように、コールドコールのターゲットを戦略的に考えていくのです。

　違う表現をすれば、

田の字 VS VS思考

　2つの対立構造でモノゴトを考える「VS思考」も2年目の終わりを迎えてくると、2×2＝4つの対立、対比構造でモノゴトを考える「田の字」に進化を遂げるのです。

　皆さんも、何かにつけて「田の字」を使ってみてください。

> **「田の字」は戦略思考の始まり。
> マーケティングも営業も事業戦略も
> 「田の字」は大活躍します。**

051

フレームワークで説明する
VS
フレームワークで考える

フレームワークとの付き合い方で思考力が変わる

　ビジネス書の世界と申しますか、モノゴトの考え方を教える／習う世界の中で、最も誤解されている、間違っているなぁと思っているのが

フレームワークとの付き合い方。

　フレームワークって何ですか？と言われたら、皆さんは何て答えるのでしょうか？　その説明で、皆さんが誤解しているかどうかを判定できるので、ぱっと頭に浮かべてほしい。
　例えば、こんな答えはどうでしょうか？

> 　フレームワークとは、3Cや4Pなどを代表とする「物事を考えるツール」で、フレームワークで考えると思考が深まるという優れものです。

　うんうん、ありそうだ。実にありそうだ。
　ですが、これは大きな間違いです。というか、世の中を変える、答えの無いゲームをしている皆さんにとっては絶対に違います。
　ここで、014のテーマである「「たかが」構造化　VS 「されど」構造化」の内容を思い出してください。そう、結論から言うと

フレームワークは構造化、MECEと同じ類、同じ輩なんです。そしてMECE同様、美化、神格化されちゃってます。

くれぐれも過大評価をしてはいけません。フレームワークもそのテーマ、論点を「予め構造化してくれた枠」に過ぎないのですから。

例えば、『ある会社の利益を上げるために、どうしたらいいのかと相談したら、自慢げに「売上アップとコスト削減の２方向がありますよね」とドヤられた』という場合。ここで言う「売上アップとコスト削減」がフレームワークに当たります。

あるいは、『ある市場構造をどう理解すべきかと相談したら、自慢げに「自社と競合とカスタマーの３点を検討したほうがいいよ」とドヤられた』という場合。ここで言う「自社と競合とカスタマー」がフレームワークに当たります。

フレームワークとは、今、目の前にある解かなければならない問題を、ただただ分解する方法を教えてくれたに過ぎないのです。

違う言い方をすると、

①思考が深まるという意味で、全く前に進んでいない。ただただ分解しただけ！

なぜ①なのかというと、合計３つの「フレームワークを過大評価してはいけない理由」を挙げていくからでございます。

それとですね。

今回で言うところのフレームワークに当たる「自社と競合とカスタマー」＝世の中で言うところの3Cは、「フレームワークで考えましょう」と大げさに言うほど、僕らが浮かびえないものなのでしょうか？

そんなことはない。正直、ウニウニ考えれば出てきますよね。

②フレームワークの分解はそんなに「それを知らないと浮かばない」ものではない。逆説的だが「ありきたり」だからフレームワークなのだ。

例えば、市場構造を捉えたい時に「自社と競合とカスタマー」を思考の先頭に据え、まさに「フレームワークで考えましょう」としてしまうと、当たり前なマイナスなことが起きてしまいます。

③フレームワークという「枠」を思考にハメることになり、リアルで自由な発想ができなくなってしまう。

さて、最後に改めて「フレームワークのダメな点」をまとめておきましょう。

> フレームワークもそのテーマ、論点を「予め構造化してくれた枠」に過ぎない。①思考が深まるという意味で、全く前に進んでいない。ただただ分解しただけにも拘わらず、大きな顔をしているビジネス界の重鎮。しかも、②フレームワークの分解はそんなに、それを知らないと浮かばないものではない。そして何より、③フレームワークという「枠」を思考にハメることになり、リアルで自由な発想ができなくなってしまう。まさに、ビジネス界の老害である。

もちろん、構造化、MECEと同様に有用な使い方もありますよ。今から、フレームワークの定義を次のようにしてください。

> フレームワークとは、3Cや4Pなどを代表とする「物事を伝えるツール」であり、フレームワークで伝えると「信頼」が深まるという優れものである。

この定義を覚えておきましょう。

フレームワークなど気にせず、ぐりぐりと物事を考えた上で、

いかに「漏れなく考えたよ！僕はありとあらゆることを考えました！」感を伝えるために、フレームワークで整理して伝えるか。

くれぐれも、フレームワークとの付き合い方を間違えないでくださいね。

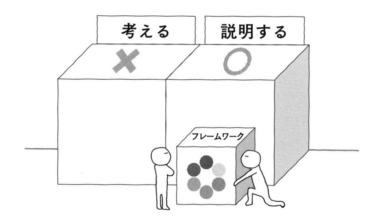

正しい付き合い方は
「フレームワークで考える」ではなく
「フレームワークで説明する」です。

052

人の頭を借りてもポイントが入る
VS
自分の頭で考えてこそポイントが入る

「答えの無いゲーム」故に議論は付きもの。
議論する、聞くことがメンタルバリアーを取り除く

皆さんもこう思っていませんか？

上司である課長と議論して、課長からインプットを受けてしまうと、それは課長のポイントになり自分には入らない。

僕もそう思いがちで、極力、自分だけで考えた方がいいと思ってました。

もちろん、雑用という名の「答えのあるゲーム」であれば、そうかもしれません。しかし、僕らがやっているのは「答えの無いゲーム」ですので、ありとあらゆる力を使って物事に取り組むべきですよね。

とはいえ、

誰かに聞いたら「頼ってないで自分で考えろよ」と言われそうですよね。だから、気持ち良く人を頼れない。

そこで、人の頼り方というか、頼る時に気を付けるべきたった1つのことをお教えします。「相談したら報告しましょう」みたいな礼儀の話ではございません。

何かというと、

仕事を振ってくれた上司が「その仕事をした場合に通過するプロセス」を通過しているかどうか。

　例えば、「役員も参加するミーティングに備えて、クライアントについて調べてPowerPointでまとめておいてください」と言われたとします。大事な資料だけに、上司に相談したい。ものすごく相談したいんだけど、相談の仕方を間違えると間髪入れずに「それをあなたに考えてもらっているんだけど？」と返されそうで怖い。

　では、どうすればいいのか？
　ポイントはこれ。
　「上司なら何をするだろうか？」と自問し、プロセスを洗い出す。そのプロセスが終わる度に相談するならOK。

　さて、プロセスと聞いてピンときた人もいるのではないですか？
　そう、何かを生み出す時のプロセスと言えば、これしかありませんよね。

［ロ→サ→T→ス→作→ア］

このプロセス＝上司が通るプロセスとなりますから、このプロセスを意識して「→」を通るタイミングで相談すればいいのです。

タイミング別「具体的な相談の仕方」は、次の通りでございます。

◎ ［ロ→サ］

論点をマネージャーからもらったら、もうね、一言一句アレンジせず、そのまま「活字に落とす」こと。まずはそれが大事になります。勝手に変えない。

その上で、論点をさらに小さな論点に分解したサブ論点を立てます。このプロセスが一番大切。仮に、論点＝宿題を朝9時にもらったら、10時にはWordにサブ論点（サブ論点をさらに分解したサブサブ論点も含む）を書き込みます。イメージで言えば、50個くらいの問いの集合体です。まさに論点スライド、論点Wordを作るのです。

そのプロセスを通過した「今」こそ、相談のタイミングになります。

ですので、本来であれば9時に論点を貰った時点で、次のように上司とコミュニケーションしておくとパーフェクト。

論点設計して、1時間後にメールでお送りします。さらっと見ていただき、可能であれば5分電話させてください。以降、いつでも電話できます。

さらに言うと、送るメールの最後にこういう一文を付けると最高でございます。

「手を止めてもあれなので、これをベースにタスク設計を行っていきます。それも終わったタイミングで連携させてください」

ただ「確認待ち」ということで、完全に相手にボールを渡してしまうのではなく、こちらがボールを持ちつつも確認する感じが最高なのです。

ちなみに、メール文の最後として最悪なのは「ご査収願います」です。完全にボールを相手に投げつけていますからね。

◎［(ロ→サ) →T→ス］

上司の連絡を待ちつつ、先ほどの論点ワードをベースにTASKを設計させていきます。そう、ワークプランってやつでございましたよね。それを作るわけです。

タイミングとしては、1時間じっくりTASK設計しますので、11時に終わるイメージです。そうしたらまた、同じ感じで上司に連携します。経験則では、あれから＋1時間しか経ってませんから、連絡は来てないことが多いでしょう。

「先ほどの続きでTASK設計までしたので見ていただき、何かあればご連絡ください。作業に順次入っていきます」

こんな感じ。加えて、今回は「→ス」まで連携してしまいますので、文面の最後に「目安としては、丸2日かけて完成というタイムラインです」と付け加えておきましょう。

このように、上司であっても誰であっても通る、アウトプットを出すためのプロセス［ロ→サ→T→ス→作→ア］に添って相談していけばいいのです。

◎［(ロ→サ→T→ス) →作］

ワークプランに沿って作業をぐりぐりやっていきます。この導入はもちろん困ったことがあれば相談すべきですが、基本、論点ワード、それを受けてのワークプランの議論をしていれば、上司もマイ

クロマネジメントしてきません。

◎［（ロ→サ→Ｔ→ス→作）→ア］

　最後の「ア」ですから、今回で言えばPowerPointの部分でございます。ここは、上司も口を出したいし出すべきところなので、きっちり相談するのがベストとなります。

　具体的には、「エグゼクティブサマリー」＋「キースライド」＋「PowerPointの資料構成と内容（Word）」の３セットを用意して議論するのがベスト。

　少し前に、PowerPoint作成の細かなプロセスで話したとおり、その順番で議論を進めるのが大事です。なぜなら、「上司なら何をするだろうか？と自問しプロセスを洗い出す。そのプロセスが終わる度に相談する」ならOKだからです。

　作業が終わり全ての材料が揃った時に、上司はどのようなプロセスを通って資料を作るのかを考え、そのプロセスの区切り毎に相談するのが大吉となります。

　以上、こんな感じで上司の「頭を使う」ことを意識すると、良い循環を作ることができますよ。

> 自分勝手な＝自分の作業量を減らすため
> 不安を解消するための「相談」はNG。
> 上司と同じプロセスを通り、
> そのプロセスの区切り毎に相談する。

053

まず、論点に割り戻す

VS

そのままTASKを始める

大事なのは「論点」だけど上からは「タスク」が振ってくる

　項目の頭に付いている連番が増えるごとに＝コンサルでのサバイブ年数が増えるごとに、習得する「コンサル思考、お作法」のレベルも上がってきましたね。

　何より、この「コンサル思考、お作法」の軸とも言える

［ロ→サ→T→ス→作→ア］

　これ。これの理解も深まってきていることでしょう。

　そんな皆さんにお願いなのですが、自分の上司からの仕事の振られ方をイメージしてみてください。悩ましいことが起きていませんか？

　それは、

論点ベースで仕事が振られず、
TASKベースで仕事が振られる。

　これ。特に事業会社の場合や、まだジュニアメンバーの時は、こういう仕事の振られ方をされてしまうことが多い。

　例えば、「今度ミーティングする会社について調べてください」というTASKが振られたとしましょう。そうすると間違いなく、その

数秒後にはグーグル先生にご挨拶をすることになりますよね。これはまさに、僕らが決して陥ってはいけないTASKバカになってしまうというやつですよ。

そこで、皆さんに覚えてほしい「概念」と言いますか、スウィッチがございます。

それは、

論点に割り戻す。

これ。

［ロ→サ→T→ス→作→ア］

ほんと、この６ステップに全てがつながってくるんですよね。

TASKで仕事を振られるということは、その名の通り、前から３番目の「T」から始まってしまう。これが罠中の罠なのですよ。

「○○してください」とTASKで振られてしまうと、「Yes, sir!」と言わんばかりに作業に入ってしまう。ありがちですし、大半のビジネスパーソンがそうとも言える。

でもここで、歯を食いしばって「論点に割り戻す」＝「T」から始めず「ロ→サ」を自らやってから、再度「T」をやるというプロセスをしなければいけません。

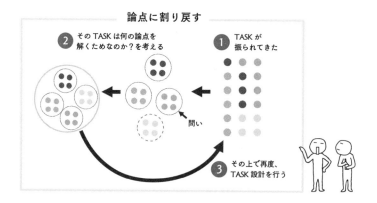

論点に割り戻す

② そのTASKは何の論点を
解くためなのか？を考える

① TASKが
振られてきた

問い

③ その上で再度、
TASK設計を行う

　それでは、「論点に割り戻す」ステップについて一つ一つ説明して
いきましょう。

◎論点に割り戻す①：TASKが振られてきた

　この時が一番大事。そう、このタイミングで「TASKバカ」にな
らないのが本当に難しいからです。上司から「今度ミーティングす
る会社について調べてください」言われているなら、自然とグーグ
ル検索してしまいますからね。

◎論点に割り戻す②：そのTASKは何の論点を解くためな
のか？を考える

　アウトプットを生む6つのプロセス［ロ→サ→T→ス→作→ア］
を違う見方をすると、

TASKがあるということは必ず、論点（サブ論点）が
存在する

　ということ。なので、そこに立ち戻ることが大事なのです。
　例えば、先ほどの「今度ミーティングする会社について調べてく

ださい」であれば、論点はシンプルに「この会社はどんな会社か？」になりますよね。

その上で「ロ→サ」をやっていきますので、「この会社はどんな会社か？」を知るためには何をすればいいのか？＝サブ論点をあげていくことになります。

> **この会社はどんな会社なのか？**
> ・この会社の売上はどのくらいで、事業の柱を３つ挙げるとしたら何か？
> ・その会社、できればその参加者の事業の最新トピック、ニュースは？
> ・加えて、競合他社はどのような動向か？

などと、論点からサブ論点に分解するのです。実際は、あと30個ほどサブ論点を立てることになります。

◎論点に割り戻す③：その上で再度、TASK設計を行う

ここの「進化」を感じてください。

当初、「今度ミーティングする会社について調べてください」と言われた時は、グーグル先生で会社について調べただけで留まったと思います。

ではもう一度、サブ論点を見てみましょう。

> **この会社はどんな会社なのか？**
> ・この会社の売上はどのくらいで、事業の柱を３つ挙げるとしたら何か？
> ・その会社、できればその参加者の事業の最新トピック、ニュースは？
> ・加えて、競合他社はどのような動向か？

そうなんです。論点、サブ論点に戻ることで、その会社だけでなく「競合」まで調べるTASKを立てることができるのです。これが、コンサル2年目ならではの「あなたに頼んで良かったよ」という価値につながってくるのですよ。

　これができたら最高でございます。

［ロ→サ→Ｔ→ス→作→ア］

　繰り返しになりますが、この6ステップは絶対ですからね。

> # TASKで振られても
> # TASKバカになるなかれ。
> # 論点に割り戻し、最高の論点バカに!

054

もうイーハン付ける

VS

お願いされたものをやる

もう一段、付加価値を付けることを「もうイーハン付ける」と呼ぶ

そろそろ、2年目の夕暮れも見えてきましたね。コンサルの思考、お作法のレベルもいい感じで上がってきております。

そして今こそ、もう1段、2段上の付加価値を付けていく時期でもある。

その時に大事なのが、

もうイーハン付ける

というメンタリティであり、活動です。この「イーハン」という言葉は麻雀から来ているのだと思いますが、もう少し丁寧に説明すると、

言われたことを「当然の顔をして」やりつつ、「考えているうちに、これも必要かな?と思って」と上司に言いつつ、自ら行うアウトプットチャレンジのこと。

会社の規定での昇進や昇格はもちろんですが、組織としての「立ち位置」を1段上げるには、言われたことだけをやっていてもダメ。

その時のメンタリティとして、「もうイーハン付ける」を大事にしてください。

なお、その際に意識すべきことが2つあります。

①頼まれた仕事は120点を取る

そうじゃないと、「なんでそんな無駄なことしてんだよ！そんなことしているなら、言われたことでちゃんと合格点を取ってよ」と言われてしまうでしょう。

②聞かずに黙ってやる

面白いもので、たとえ率先してやったとしても、それを聞いてしまうと＝「無駄にならないか？」を確認してしまうと台無しになってしまいます。聞いてしまった時点で、「自ら率先して必要なことを見つけてやった」にはならず、ただ仕事を増やすだけになる。

以上、1年目が過ぎ、2年目も後半に差し掛かる今こそ、皆さん、ぜひアウトプットチャレンジをしましょうぞ。

リーチ一発チートイドラドラ

跳ねとるやん

> 「もうイーハン付ける」は
> スキルでありメンタリティ。
> 聞かずに黙って「付けて」やれ!

055

1人徹夜
VS
やらされ徹夜

「徹夜」には２種類あることを
知っているだろうか?

　コンサルタントとして、そして１人のビジネスパーソンとしてそろそろ、立ち上がった!立ち上がったね!と言われなきゃいけないし、自分でもそう確信したいお年頃でしょう。

　そんな時の１つの試金石になるのが、

「1人徹夜」ができるか?

でございます。
VS構造で見てみると、さらに意味が分かりやすくなるかと。

1人徹夜 VS やらされ徹夜

　そうなんです。
　１人徹夜ができるようになって、初めて１人前なのですよ。ホワイト化している世界であれば、ますますそうかもしれません。
　皆さんも、「やらされ徹夜」の経験はあるかと思います。
　上司から言われて、状況が状況だから徹夜してしまう。徹夜せざるを得ないから、徹夜をする。それが「やらされ徹夜」であり、そんな徹夜をしたところで「立ち上がった」にはならない。
　対して、僕が大切にしている徹夜がこちらです。

誰から言われることもなく、もちろん忖度してとか慮ってるわけでもなく、「自らの意思で」徹夜をして、もうイーハン付加価値を付けようとする。

　それができて1人前。決してメンタリティの話をしているわけではなく、徹夜、つまり21時〜朝の9時までの「12時間」を、上司の指示を受けずに、当然、何も相談できない中で「もしかしたら、間違ったことをしているかもしれない。全てが無駄になるかもしれない」という恐怖に打ち勝ちながら徹夜できるってことが、「立ち上がっている」証拠なのですよ。

　もう少し言うと、

誰かに指図されたわけでも、評価を上げたいわけでもなく、「クライアントの為に、ここで徹夜して最高の付加価値を出したい」という気持ちが育まれていることが素敵であり、立ち上がった!なのである。

　だから僕は、こう思っているんです。
　「1人徹夜」ができてこそ1人前だと。
　皆さんは、「1人徹夜」できてますか?

> **「もうイーハン付ける」と「1人徹夜」のコンボは最高すぎます。これってまさに徹夜マージャン。**

056

To someone
VS
To all

本当に色々な先輩に教えてもらった。
最高に成長できる環境だった

BCG時代、それも2年目の時に、BCGの先輩の平谷さん（その時はコンサルタントだったと思うけど、今はマネージング・ディレクター）と話していた時の、平谷さんの発言が今でも忘れられないし、心に響いたのを今でも覚えている。

あり得ないんだけど。資料を作るにあたって、会議の参加者を確認しないメンバーがいたのよ。そんなことあり得ないよねホントに。

もう少し穏やかな言葉だったと思うけど、僕にはこう聞こえたんです。
そしてその瞬間、

げ、俺も確認してないかも…え、、、まじ？

と内心思ったことを、今でもねっとり覚えている。
これって本当に大事なことですよね。
ミーティングの参加者を把握していないなんて何事か！ですよ。
これの理由は至ってシンプル。

参加者それぞれが持っている「論点」＝検討すべきポイント
が違うのに、それを意識しないで良い資料などできないからですね。
　アウトプットを生み出すプロセスは当然、お馴染みの６ステップ
です。
　[ロ→サ→T→ス→作→ア]
　ということは、当たり前の話ですが、

[ロ] が違えれば当然、[ア] は異なる

というわけ。
　だから皆さん、絶対に参加者確認を忘れてはいけません。
　そして、一般向け／全員向けではなく、誰かに向けて作ってくだ
さい。
　To all ではなく、To someone です。

> # 必ず、To all を作った上で
> # To someone に進化させること。
> # メッセージがクリスタライズされるから。

社長向け VS 副社長向け

「社長」と「副社長」に
どんなイメージをお持ちですか?

　056の続きということで、少しプラクティカルな話をしておきたいと思います。

　おそらく、皆さんの中には

「To allではなく、To someone」と言われても、参加者はいっぱいいるし、参加者の顔が浮かんだとして、その人が気になってる問いや論点をばちばちに把握するなんて無理でしょ。

と感じた人もいるのではないでしょうか。

　そんな時に役立つVSがこちら。

社長向け VS 副社長向け

　参加者の違いの中で最も大きいのは「社長がミーティングに入っているかどうか」だと思います。その意味でも、このVSを理解しておくことが大事なのです。

◎社長向け:狭い

　圧倒的に論点が狭い。念のためとか、Nice to have（=あったら

いいね）の論点は省きに省き、本当に興味ある論点だけにした上で、確実にファクトを届け、ディスカッションするパッケージを目指す。当然、社長向けだから補足資料＝通称、Appendixを大量に作ることになるが、それを開いてしまったらアウト＝社長の論点を把握していないということになることを忘れない。勇気をもって狭くして、狭くした分、深く語ることが大事。

◎副社長向け：広い

　圧倒的に論点が広い。全てを知っておきたいメンタリティが強い。当然、社長の横にいるわけだから、元来そうでなくても「社長が興味がない、押さえていないこと」を押さえていることが価値であることもちゃんと理解している職業人。

　論点を「解いてきた順番」で語ることが大事。あえて言えば、深さよりも広さ。

　以上、こんな感じでだいぶ違います。

　もちろん、一概には言えませんよ。だからこそ、常に参加者の立場や性格に対してアンテナを立てておくことが大事なのです。同時に、自分なりの経験を貯めておくことも大事。

　社長、副社長というと「自分には関係無い」と思われがちですが、これは参加者の役職の高さに限ったことではありませんからね。

　社内も社外も関係無く、日々皆さんが接する相手が「どんなビジネスロジックで動いているのか？」を常に把握する。

　これですよ。これは、僕の師匠である加藤さんとのコンサルプロジェクトで身をもって学んだことでもあります。

　加藤さんとプロジェクトを行うと必ず起こることがありました。

　それは、

SCの前で必ず、資料がガラガラポンされる。

　SCとはステアリング・コミッティの略で、意思決定権者が入る
ミーティングであり、そこで全てが決まります。だから、社長が参
加する場合が多い。ほんと毎週、お客さんに見せていた資料の積み
上げでSC資料を作ってしまうと、「全然、違うんだよね」と指摘さ
れて、本当に全てが作り直しになりましたよ。

　あまりにガラガラポンされるので、ある時、加藤さんに理由を聞
いてみたんです。そうしたら、こう教えてくれました。

　ロジックの反意語って何か知ってますか？それってストー
リーなんですよね。いわば、ロジックを捨てたものがストー
リー。だから、日ごとのミーティングは当然ロジックで作るけど、
SCや意思決定権者向けには、ロジックではなくストーリー。そ
の人向けのストーリーで作らなければいけない。だから、ガラ
ガラポンするんです。

　僕はこの話を聞いて、本当の意味で立ち上がったし、それ以降は
コンサルタントとして苦労はしなかった。

ロジックの反意語はストーリー。

　これ、本当に金言です。皆さんもぜひ、この言葉を味わいながら
思考や資料作りをしてみてください。

> # ロジックの反意語はストーリー。
> ## この金言は、皆さんのことも
> ## ブレイクスルーさせてくれます。

ベストエフォット
VS
叩かれ台（0次仮説）

叩き台、叩かれ台、叩き台（0次仮説）、叩かれ台（0次仮説、BCG所感）

日本人の奥ゆかしい文化の1つに、何かお土産を渡す際に

「粗品ですけど」と言う。

があります。

実に好きな文化です。ただし、プライベートでは。

でも仕事では、プロフェッショナルとして働く上でこれはダメ。この「粗品ですけど」は、ビジネス用語で言えば期待値マネジメントをしていることになります。

アウトプットで勝負している僕らビジネスパーソンにとって、期待値をマネジメントをしたところで何も意味が無い。なのに、している人が多い。

むしろ、こう思ってほしいのですよ。

試合をやる前に、レビュー前から白旗を掲げているのかよ。だったらレビューしに来るなよ。

「生煮えなんですけど」

「あんまり考えきれていないんですけど」

「粗々なんですけど」

こんな感じのことを言ったり書いたりするのは本当にやめましょうよ。無駄ですし、せっかく優秀で素敵な皆さんの格を下げることになってしまう。

だから皆さん、

脱！期待値マネジメント宣言をしましょう！

知らぬ間に、自然と期待値マネジメントをしてしまうんです。だからこそ、早めに宣言をしておくのが大事でございます。

資料もそうです。期待値マネジメントな気持ちを完全に無くす。

そして、

これがベスト・エフォットだ！

今時点で私が作った最高傑作です。

という心持ちで、上司に、クライアントに出しましょう。

ところで、その逆がこれです。

叩かれ台（0次仮説）

と付いた資料。

愚かすぎて笑えますが、でも実際、コンサル界隈ではあるんです。

叩き台＞叩かれ台＞叩かれ台（0次仮説）

だんだんと自分の資料に自信が無くなり、期待値マネジメントをしてしまっている。本当にやめましょう。僕らはプロフェッショナルなんですから。

> プライベートは偉そうなのに
> こういう時だけ下から謙虚に
> 保険をつけた言い回しをする。
> それがコンサル（言い過ぎ）。

注釈はロマン

VS

注釈はおまけ

皆が大好きなこの言葉に通ず ＝「神は細部に宿る」

　少し重めの話が続いたので、箸休め、思考休めということで、サクサクっとコンサル思考、お作法をお届けします。

　BCG時代は僕にとって最高だったようで、色々なことを覚えている。本当に良い先輩に恵まれて、成長をすごくさせてもらいました。

　ほんとまだまだ立ち上がる前だったと思いますが、一緒に仕事をしていた植地さんという先輩がいました。絵に描いたようなエリートで、本当にお世話になった。

　そしてある時、「高松さん、このスライドを1枚を作って、朝までに机に置いといて」と頼まれた。材料も全て整った状況で、もうね、頭を使うところがないものだったんですよ。そして作り、机に置いて帰りました。

　その次の日、植地さんに会うやいなや、

高松さんさーーーーこれ何？これでやりきったつもり？注釈ないじゃん。どういうこと？

　こんな言い方はしてないと思うが、僕の記憶では「褒められる」と思いきやのギャップもあり、そんな感じで聞こえた。

最後までちゃんと仕事しようよ。メッセージライン、ボディはもちろんだけど、注釈も。そして**誤字脱字**チェックも。全てで1枚のスライドだよ。

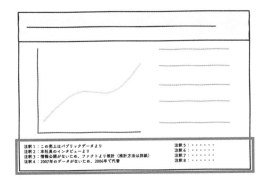

注釈はロマンよねー

本当にその通りだ。本当に。一言で言えば
そんないい加減な仕事するなよ
ということですよ。ぐうの音も出ません。
まさに、

アブソリュートリー、アグリーです。

あ、これは植地さんの、その当時の口癖です。
皆さんも何か仕事を頼まれたら、最後の最後まで気を抜かずやり切りましょうぞ。

> # それが積み重なり、
> # やがて大きな仕事を任せられるようになる。
> # 注釈にもロマンを！

評価は「見せ合いっこ」
VS
評価は「隠す」

成長の起点は「現状」。現状を見つめるには
自分だけの評価を見ていても始まらない

２年目の後半ともなると、成長に「差」が生まれてきます。
ですが、得てして

周りとどのくらいの「差」がついているのか
全く分からない

もの。そうなんです。仕事内容も、その評価も圧倒的に異なっているのに、全く差が見えないのです。何せ、評価は秘密にされがちですからね。

とはいえ、その「差」を認識しなければ追いつけないし、成長が加速化しない。

そこでオススメなのが、

同期と評価を見せ合いっこする

こと。もう少し厳密に言うと、

自分より圧倒的にできるエース同期と
評価を見せ合う。

これでございます。これ、めちゃくちゃオススメなんですよね。
本当にやってみると分かるのですが、エース同期と比べると次の

3つが雲泥の差。

・今、でき始めていること
・記載されている課題感
・次にチャレンジしてほしいこと

　これには本当にびっくりする。僕も初めて同期のエースの評価を見せてもらった時、内心では

　え？こんなことまで「できるようになってね」と書いてあるよ。マジで？ レベル高すぎない？

　と、真剣に身が引き締まったことを覚えています。

　そして何より、

次に自分が何をすべきで、その後に何を求められるのかの解像度がウルトラ上がったものです。

　これは事業会社の人の場合はなおさらで、評価自体に「差」を付けない文化故に、その評価だけでなく上司の一言コメントだったり、評価面談時の発言だったりに「差」が出てきます。

　ぼやっとしていると「同期から遅れていない」と思えてしまうし、思わせるような評価制度になっている。でも、それに騙されてはいけないのです。甘えてはいけないのですよ。

　どんな会社でも必ず、

評価され、「差」を付けられているのです。

　昔の銀行なんて、実際に渡される評価以外に「人事部評価」という裏評価があり、表の評価は差を微妙にして、裏評価で差を思いっ

きり付けて、人事異動やその後の昇格に使われていたと聞いたことがありますよ。

　ということで、皆さんへのアドバイスです。
　同期のエースに「評価」を見せてもらうために、自分の評価も当然見せるし、おだてにおだてて見せてもらいましょう。圧倒的にエースな同期をピックしてください！

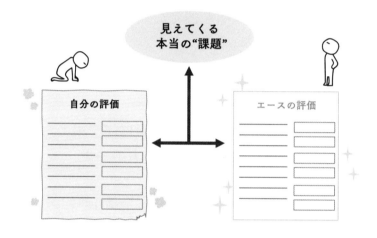

見えてくる
本当の"課題"

自分の評価

エースの評価

> 自分より評価が下の人を選ぶのはNG。
> それは意味が無いし
> 人間関係が崩れます。

061

FYI

VS

FYIって何だ?

BCGに入社したらメールの件名に［FYI］。 これは何なんだ?

何でもかんでも３文字にするな！って本当に思いますよね。
BCGに入ったらメールの件名に書いてあった

FYI

の３文字。何かのプロジェクトを省略したやつかな？と本当に
思っていましたよ。
したら、なんとこの略なんだってさ。

For Your Information

まさに、「貴方のための情報」ということですよ。何だよそれ。
でも正直言うと、
　３文字で書く文化は嫌いだけど、FYIの文化は好き
だったりします。
で、このFYIですが、メールの件名に書かれることが多い。
どんな感じか言いますと、

件名:FYI) 柔術がうまくなるためのコツの記事

こんな感じ。

これは、「頼まれたわけでもないけれども、自分の知った情報の中で、それが必要そうな人やチームメンバーに惜しげもなく教える文化」でございます。それも、「こんないい情報があったぜ！」と自慢せず、さっと魅惑の三文字「FYI」を件名に付けるだけで、さくっと共有する。

奥ゆかしい文化、FYI文化、最高ですよね。

そして、その送り先が「社内」を超えて「社外」のクライアントまでやれると、最高にモンスターだ。

昔の仕事で絡んだ人などに、「あの人は読んだほうがいいかも」「興味あるかも！」ということで、さくっと件名にFYIを付けて送る。これは本当にオススメです。自分が「FYI」を送られた時に分かりますが、送ってくれた方との距離は間違いなく縮まりますよ。

もちろん、仕事だけでなくプライベートでも同じです。

僕は無類の漫画『HUNTER×HUNTER』好きなのですが、弟子の1人の岩本さんは、何かハンターハンターの新しい情報や面白いコンテンツがあると、FYI的にFacebookのメッセンジャーで送ってくれる。その内容も嬉しいけど、送ってくれたこと自体が嬉しいのです。何せ、情報を見た瞬間に「これは高松さんも知りたいはずだ！」と思ってくれたわけですからね。これは嬉しい。

ということで、皆さんもぜひ、FYI文化に酔いしれましょう！

> この情報、あの人にいいかも！
> と常にアンテナを立てておく。
> FYIは成長を加速化します。

062

反省純度100%

VS

99%

起きてしまったことは仕方が無い。
故に、謝り方を間違えない

　先ほどの「期待値マネジメント」に近い話なのが、何かをミスってしまった時です。僕も、思い出したくもないミスをウルトラしてきました。本当にたくさん。その都度、反省し、謝るわけです。

　そして、その時に必ず注意していることがあります。

　それは、

　反省の純度を100%にすること。

　どういうことかと言うと、

起きちゃった失敗を無しにはできないわけだから、
「言い訳」を絶対にしない。
何度聞かれても、「言い訳」をしない。

　これ。

明日からGW〜

おつかれー

　僕がマネージャーの時、あるプロジェクトの最終報告があり、GW前にほぼほぼ資料ができあがり、そのプロジェクトのMDである井上さんと佐々木さんの両方にメールで共有しました。GW前の最後の営業日だったと思い

ます。そしたら、井上さんからメールでこう来ました。

この資料はBCGクオリティに達していません。

と1行だけ。

　ここでポンコツのマネージャーだったら、反省しているにも関わらず純度を100％にせず、99％に落としてしまいがち。そう、「時間がタイトだったので、質が届きませんでした」とか、「材料が今いち集まらず、良いアウトプットができませんでした」などなど、言い訳をしてしまうのです。

　まさに、「期待値マネジメント」の後の祭りバージョンである。無駄だ。そんなことをしても、

格を下げるだけ

なのだ。

　そして僕は、その時すでにコンサルの心得をマスターしていたので、間髪入れず「すいません！GW明けをお楽しみに！」とだけ送り、GWは1人でBCGの会議室にこもって全部を書き直しました。そして、その最終報告の前の日に、井上さんにメールで「改良しまくった資料」を送っておいた。

　もう、心の中ではもうドキドキですよ。そして、朝の5時50分くらいに井上さんからメールが来た。

よくできています。傑作。お疲れさまでした！

　いやもうホントに、安堵とともにテンションが上がったのを覚えています。反省した時は純度100％。言い訳無用なのよね。

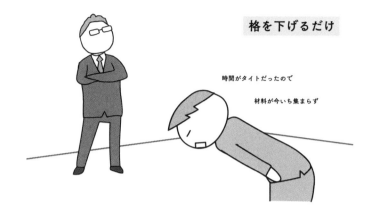

格を下げるだけ

時間がタイトだったので

材料が今いち集まらず

　後日談ですが、その後で井上さんに「あの時のメールは痺れました
よ。マジで？え？マジで？って思いましたからね」と言ったら、笑
いながら、

あー言ったら高松の性格からして、なにくそ！って気合いれてやるだろうなぁと思って。

　いや本当に参りましたと思ったよね。
　うまく尻を叩かれてましたね。
　それ以降、本当に距離が縮まり、良い師匠の１人になってくれま
した。

> 仕事に限らず
> 反省する時は
> 純度100%ですよ。

第1声シェア、NO.1

VS

ランク外

誰でもできるのに、ほとんどの人がしていない。まさにチャンス到来！

　もうちょっと前に登場させておくべきだったんですが、あまり最初に「チャーム」の話をもってきちゃうと「この本、もしかして精神論なの？」と思われてしまうかなと思い、わざと後回しにしました。ですが、やっぱり大事なので、そろそろさくっと語ってしまいます。

　さて、019のテーマ「＋2度　VS　平温」に通じる話なのですが、リモートワークで皆さんはちゃんとやれているでしょうか？

もちろん最初に入り、誰かが来たら「こんにちは！」と第1声を発しているだろうか？

　私はもう参加してますよ！ということを発しているだろうか？

　僕も最近は講義をリモートでするのですが、

お疲れ様です。本日もよろしくお願いします！

　と言ってくれる生徒はそんなにいない。だから、きちんと第1声を言ってくれる生徒は当然、贔屓しますよ。だって、その講義は楽しいし健やかだし、結果、疲れないから。

　たかが最初の一言、挨拶をしてもらうだけ。

でも、たったそれだけなのに、本当にしない人が多いですよね。数人が入っても黙っている人もいるし。今時で言えば、画面をこちらがオンにしてから、それに反応してオンにする人さえいる。

本当にもったいない。

第1声、画面を先にオンにするだけで、相手に健やかさを与え、それだけで自然と贔屓してもらえるというのに。

皆さんがやりづらい！嫌だな！と思うことは、周りも上司も嫌なんです。

だからこそ率先して、その恩恵を全てもらってしまいましょう！

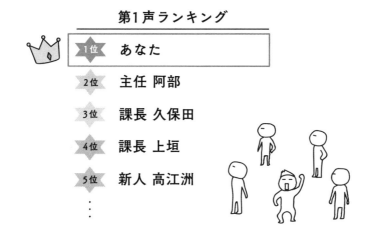

第1声ランキング

1位	あなた
2位	主任 阿部
3位	課長 久保田
4位	課長 上垣
5位	新人 高江洲

今日からミーティングを観察してみる。
誰も第1声を取りにきてないなら
大チャンスが目の前にあります。

225

「1時間前」行動
VS
「5分前」行動

昔ながらの「5分前」行動はスジが悪い

昔からというか、小学校の時にこう教わりましたよね。

5分前行動！

うん、僕もこう言われて育ってきましたよ。

でも、この論点はいかに遅れないかであり、それは小学生の話。社会人になると「遅れないこと」は当たり前で、もう一段、論点の視座が上がります。

それは、

いかに時間を有効に使うか

です。その論点に昇華された瞬間、5分前行動や、それこそ15分前行動などは生産性がウルトラ悪い。なぜかと言うと、その待ち時間は仕事ができないから。

待ち合わせに早めに行っても、そのビルの受付前で待っているしかない。座るところがあったとしても、5分のためにパソコンを立ち上げ

るのも何だし、やったとしても仕事を始めるころには相手が来てしまう。本当に無駄な時間を過ごしてしまうわけですよ。

ということで、僕がオススメするのは

時間があるなら1時間前行動だ！

です。受付に椅子があればそこでもいいし、2回目以降なら近くのコーヒーショップに陣取って仕事をがっつりやる。現地にはもう着いているわけだから、遅れないという安心感もあり思う存分仕事ができるでしょう。これが「仕事をしてから時間通りに現地へ向かう」だね。遅れるかも！何時に出たら？とか、電車が遅延したりタクシーが混んでたらどうしよう？とか、意外とそわそわしてしまうもの。生産性が落ちてしまうのよね。

だからこそ、早めに移動してがっつり仕事モードになってしまうほうが生産性が高い。

もっと言うと、この「1時間前に」を真似てほしいというよりは、

5分、10分も無駄にしない精神を身につけてほしい。

これができるようになると、他人の時間でも5分、10分を大切にできるようになる。これが凄まじく大きいのですよ。

> ## 小学生時代から散々言われてきた
> ## 「5分前行動」の呪縛から
> ## 解き放たれてください。

「あれどうなった？」前 VS 「あれどうなった？」後

「あれどうなった？」は昇進に黄色信号

世の中とは面白いもので、ほんのちょっとの「後先」により、人生が変わります。少し前に始めただけでいいことがあったり、少し後に行動したことでさらにいいことが起こったり。

タイミングが運命を分ける。

人生は複雑で、必ずしも前の方がいいとは限らないのですが、ビジネスの場合において、仕事を振られた時においては気を付けなければならない「後先」があります。それは、

「あれどうなった？」と言われる前か後かで、天国と地獄に分かれる。

これ。何かをお願いされたけど、でも明確な期限を言われたわけでもない時、上司は「まぁ、このくらいで終わるよね」というタイミングでおもむろに聞いてくる。それも、エレベーターの中とかランチの席で

あれどうなった？

もしこれを聞いてしまったら、その仕事を100%のクオリティでやっていたとしても、あなたのポイントにはならない。なにせ、「あれどうなった？」は、「遅いんだけど。僕の期待していたタイミ

ングより遅いんだけど」と同義だからです。

　仮にもう準備万端だったとしても、アウトだと思っていい。

　言われた後にすぐ出したとしても、相手に疑念が残ります。

　「なぜ、できているのに見せないんだ？　言われるまで渡さず、仕事をしているフリをしたいのか？」などと思われても仕方が無いのです。

　だから、僕はこう呼んでいる。

「あれどうなった？」はさよならの合図。

　ですので、社内でも対クライアントでも、アウトプットを出すタイミングへのセンシティビティは絶対に上げておかねばならないのです。

　僕の大好きな神田昌典さんも、著書『成功者の告白』中で「成功の秘訣は、タイミング！タイミング！タイミング！」と言っています。本当にそう。起業もだし、仕事もタイミングが命なのだ。

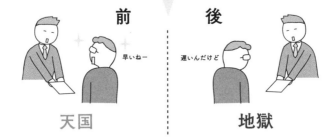

「あれどうなった？」

前	後
早いねー	遅いんだけど
天国	地獄

言われたらお終いという緊張感で
1日でも半日でも早く
完成させてしまうのが大吉。

上司の予定マニア
VS
上司の予定など知らないし興味も無い

さぁ、2年目も今日で終わりとなります

ついに066ですよ。2つ目の区切りでございます。

3年間＝99ですから、今回でなんと、コンサルの「最初の2年間」が終わったことになります。

書いてみて改めて思いますが、やっぱり最初の2年間は濃かったですね。コンサルの思考も、お作法も、色々なことを学びました。

ということで、2年目の最後は「プラクティカルに明日からできる心得」で締めたいと思います。

それは何かと言うと、

上司の予定マニアになりましょう！

これです。

「上司に会うと何かと仕事を振られたりするので避けたい」などと思ったり、「上司が何をしているのかなんて興味が無い」という人は多いでしょう。でも、同じプロジェクトで働いている上司の動きを把握していることは本当に大事。これを忘れないでほしい。

というのは、僕らは答えの無いゲームをひたすら続けているわけなので、どんなに議論を重ねたとしても、何か新しいインプットがあれば一気に仮説も作業も変わる。進化を遂げる。そのガラッと変わる最大の要因は、キーパーソンに会った、話した、議論したというやつなのです。

例えば、クライアントと会食して、お酒も入り、深い議論をした後なんかは、180度変わることも珍しくないでしょう。社内でも、マネージャーがその上の "エライひと" であるマネージング・ディレクターと議論すれば、これまた大きく変わる。だからこそ、僕ら下っ端は把握していなければなりません。

いつ誰と話すのか? それにより、いつのタイミングに仮説が進化しそうなのか?ということを。

コンサルティングファームの場合、マネージャー以上でも予定をオープンにしてくれている人が多いし、プロジェクトメンバーだけには見せてくれる人も多い。事業会社ではそこまでいかないかもしれませんが、常にマネージャーや上司はどういう動きをしているるか?を意識していれば色々と分かってくるでしょう。分からなければ、「クライアント（お客さん）との会食の予定はありますか？」と聞いてしまえばいいのです。

そうやって、上司の仮説が進化するタイミングを知り、最速でその上司の時間をブロックすべきなのですよ。

3年目になれば、あなたはさらに大きな論点を、もっと大きな役割を担うようになるでしょう。それに伴い、上司の仮説が変わるタイミングを押さえることの重要性が加速度的に増していく。このことを絶対に忘れないでくださいね。

以上、こんな話で「2年目」を締めたいと思います！

> # 丸2年目までお疲れ様です。
> # 最後の3年目＝ラスト1年＝33項目
> # 楽しんで行きましょう!

「付加価値を付ける」

真っ向勝負な３年目

「2年目」と「3年目」は違った。視座が大きく違った。

　コンサルタントとして「1人の戦力」として見なされる中、自分としてもそうだが、MDからも色々な期待をかけられ、おのずと「視座」が高まった時期だった。

・リードコンサル（＝マネージャー以下で1番の古株であり、1番の戦力）を必死にこなしつつ、チームを率いるケースリーダーを目指す。

・そして何より、たまに言われるコンサルに対しての揶揄（＝高級文房具、紙を書くだけ等）をきっかけに、「コンサルタントの存在意義って何だ？」と考えてもがく。

・さらに「どんなコンサルタントになりたいか？そもそもBCGらしくってなんだ？」と、1段も2段も高い視座を持ち始める。

　視座が変わると景色も変わり、2年目でバカにしていたリードCやマネージャーがいかにすごかったかをボディブローのように感じ、大いに反省しました。故に、僕の3年目、コンサルタントの3年目は「非連続」の成長を遂げて、それが如実に表れたコンサル思考、お作法となってます。

　振り返ってみると、BCGは「昇進できるスキルと実績が十分証明できたら」昇進させるのではなく、「彼・彼女ならきっとできるから、やらせてみよう」という、ポテンシャル昇進が基本精神であったと思う。そんな会社って、あんまり無いよね。

　本当に感謝してますよBCG！

　と、古巣を褒めたところで。

　これよりクライマックスの始まりです。

　僕の3年目、コンサルタントの3年目のスタートでございます。

論点マネジメント

VS

TASKマネジメント

マネージャーとは「何をマネージする人」なのか?

コンサル業界では、「2年目」と「3年目」は大きく異なります。
具体的に言うと、

リードC

と呼ばれる存在、リードCとはリード・コンサルタントの略、に
なるからです。コンサルティングファームのチームは基本、図のよ
うな形になっています。

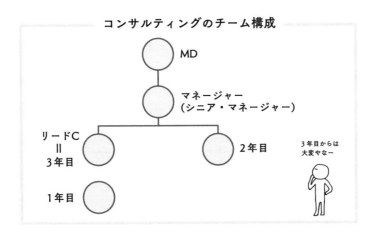

コンサルティングのチーム構成

MD

マネージャー
(シニア・マネージャー)

リードC
＝
3年目

2年目

3年目からは
大変やなー

1年目

そうなんです。「３年目」のチャレンジは、自分１人ではなくメンバーが付くのですよ。違う言い方をすると、

マネージャーに昇進するために、
小さなマネージャーになることを求められます。

よって、学びも変わってくるのです。
その最大の変化がこちら。
論点マネジメント VS　TASKマネジメント
端的に言えば、「部下が付き、その部下をマネジメントする」ことになり、その際の「何でマネジメントをするのか」という部分での違いです。

三流のマネージャー＝TASKマネジメント

このTASK、作業をやってください！と、タスクをメンバーに振ることでマネジメントしようとする。ここでもベースとなるのは、この６ステップですよね。
［ロ→サ→Ｔ→ス→作→ア］
ですから、TASKでマネジメントするということは、［Ｔ］からメンバーを働かせようとしていることになります。それは２つの意味で最悪。
１つは、［ロ→サ］を十分に理解させないままTASKをさせることになってしまうので、当然ズレること。論点、サブ論点をちゃんと把握してなければ、同じ作業をしていてもズレ始め、最終的なアウトプットは変わってきてしまいます。
だからこそ、自分がメンバーな時は「論点に割り戻す」ことをしたわけですからね。

そして2つ目。当然、TASKだけ渡される仕事は「作業、雑用」に感じさせてしまい、仕事をつまらなくさせる。チームとして「楽しんで仕事してもらう」ことの重要性を忘れてはいけません。

つまりですね。

一流のマネージャーがすべきは論点マネジメント

なのですよ。

ちゃんと［ロ→サ→T→ス→作→ア］の6ステップをメンバーにも意識させる。そして、この時に大事なことがあります。

論点を共有することが大切だからといって、誰でも［ロ］だけ渡してあとはよろしく！とすべきではない。それはピヨピヨのメンバーにはキツい。たとえ、自分がそうされてきたとしても。

だけどもちろん、自分の下のメンバーが立ち上がっているのであれば、［ロ］だけ共有して、それ以降の工程をしてもらう。特に、論点を分解する［ロ→サ］もしてもらうようにマネジメントしましょう。

それが一番、メンバーのやる気が出ますから！

皆さんも、メンバーとしても
マネージャーの役割をする上での
論点マネジメントを忘れないように。

068

良いPMO

VS

悪いPMO

PMOを決して舐めてはいけない

067では「論点マネジメント VS TASKマネジメント」を社内、チームメンバーの話として説明しましたが、当然、社内に限ったことではありません。

そして、それを総称してこう呼びます

プロジェクトマネジメント。
3文字で略してPMO。

コンサルに限らず、えらくなればなるほどPMOスキルが求められます。そして、そのPMOには2種類があるのです。

それが、良いPMOと悪いPMOでございます。

ちなみに、悪いPMOとは

「このTASK終わりましたか?」と言い、進捗具合を「赤、青、黄色信号」で振り分けることを付加価値とするPMOのこと。

本当に多いですし、僕もNTTデータ時代にアサインされた「地銀の融資支援システム」の自己査定チームのPM＝プロジェクトマネージャーをやった時が、まさにこれだった。その時は、富士通大分のチームでスーパー優秀なPM＝和氣さんに対して、

> この作業、終わりましたか？
> いつ終わりそうですか？
> 遅れた原因はなんですか？
> 遅れた原因の対処はしましたか？
> このタスクの信号は黄色信号でいいですか？

　などと聞いて Excel シートに打ち込んで、週1の定例ミーティングにそれをそのまま報告している日々だった。まさに悪いPMOすぎるというか、何も付加価値を生んでいなかったわけです。

　その時、僕はまさにNTTデータの3年目で、幸いにも

これって僕がやらなくても良くないか？ というか、こんなことしてても1ミリも成長しないじゃん。

　と疑問に思えました。そこから転職を考え始め、BCGに行くことになる。僕にとっては、本当に転職せねば！と思えるほど、「何をやってんだろ俺？」感が強かった。そして、それは当時の仕事が悪かったのではなく、僕にスキルが足りなかったからに他なりません。

　要は、TASKマネジメントな悪いPMOしか知らなかったわけですよ。その時、論点マネジメントな良いPMOを知っていたら、話は違っていたと思います。

　では、良いPMOとは何なのでしょうか？

　それは、

「この論点の検討は終わりましたか？」と言い、論点の検証具合を「赤、青、黄色信号」に振り分けることを付加価値とするPMO。

　これです。

　論点は問いなので、検討が終わっていれば「解」が必ず存在します。ですので、例えばあるチームのタスクに「今後、導入するシステム、SAPとオラクルの製品評価（まとめ）」というのがあったとします。そうすると、悪いPMOだと先ほど話した通り、このTASK終わりましたか？から始まる、ただただ作業進捗を聞く人になってしまうわけです。

　対して、良いPMOは違います。

　掛け声としては、

このタスクの論点は何ですか？

その論点は検討されましたか？

その検討結果の、今時点の答えは何ですか？

その答えの進化、終わらせるための論点は何ですか？

という感じになります。

　ですので、先ほどの「今後、導入するシステム、SAPとオラクルの製品評価（まとめ）」であれば、次のような感じで「良いPMO」になるわけ。

・論点は「今後、導入するシステム、SAPとオラクルの製品のどちらが良いか？」ですよね？

・なので、解くべき問い（＝サブ論点）は3つありますよね。「それぞれの製品の特長は何か？」「今後、導入にあたっての評価基準は何か？」「それらを踏まえて、その評価結果は？」の3つ。認識違いはありますか？

・では、その3つの問題の、現時点での答えは何ですか？

・なるほど。2番目の問いが定まり切れていないのは、何か材料が足りないのでは？

まさに、僕らが大事にしている6つのステップを一緒に手を取りながらやっていく感じです。全体を見る立場として、そのチームがちゃんと健やかに［ロ→サ→T→ス→作→ア］を通れるようにするのが、良いPMOだということでございます。

　良いPMOを実現するための技術を学べば、本当にどこでも仕事ができます。
　1人か、社内か、社外かの違いだけであって、常に仕事とはPMOである。
　くれぐれも、悪いPMOにならないようにお気を付けください。
　最高の良いPMOマンになりましょうぞ。

PMO案件ばかりなんですが成長するんでしょうか？
↓
"戦略PMO"を実践できれば成長します。

悪いPMO＝ただのPMO	良いPMO＝戦略PMO
● その作業は終わりましたか？	● その検討すべき論点は何ですか？
● その作業はいつ終わりますか？	● その論点の議論は終わりましたか？
● その作業が遅れている原因は？	● どの論点の議論が遅れてますか？
● その原因に対処は打ちましたか？	● その論点の検討の遅れに対処しましたか？
● 作業が遅れているので赤信号とします	● 論点の検討がまだなので赤信号とします

PMOは最高のビジネススキル。
極めることができれば
一生それだけで食って行けます。

ソフトケース
VS
ハードケース

ソフトケース？ハードケース？
それは稼働、働くハードさの話ではない

「3年目」に入り、コンサル思考、お作法も、個人ではなく「プロジェクト」目線になってきました。

これまでは「論点」や緩やかに「サブ論点」、そして「TASK」についても、マネージャーや上司の方の導きがありましたよね。しかし、これからは自分で「ケース設計」と呼ばれる、どのように与えられた論点に立ち向かっていくのかを考えなければいけません。

なお、今回もVS形式になっていますが、「左が良い！」とかではなく、単純に2つのケース設計があるという話をしたいと思います。

大きく論点が定まった時に、3年目ともなると、マネージャーを担う立場になると、こういうことを考えねばなりません。

どういうケースに仕立てようか？

なお、なぜかBCGではプロジェクトのことをケースと呼び、プロジェクトリーダーのことをケースリーダーと呼んだりします。

もちろん、実際に細かい設計をするのは、いつものステップ通り

［ロ→サ→T→ス→作→ア］

の［T］の部分でございます。

しかしながら、その細かい［T］＝タスク設計に行く前の、ざっくりとしたゲームプランを考えておくことが大事になってくるのです。

その時に意識していただきたいのが、

ソフトケース VS ハードケース

のどちらでいくのか？どちらの比重を多めにするのか？について考えること。

◎ハードケースとは？

　ハードは「体力的にハード」という意味ではなく、「硬い、固い」のほうのハードです。具体的には「売上を2倍上げるためには？」とか、「業務プロセスの25％を無くすためには？」といった論点／プロジェクトを指し、どちらかと言うと定量分析が軸になるようなケースのこと。なので、別名「分析ヘビーなケース」とも呼ばれます。

◎ソフトケースとは？

　ソフトは「緩い」という意味で、その「緩い」は「体力的に緩い、楽だ」という意味ではなく、論点の定まり方が「緩い」の方で、具体的には「本組織を活性化させるためには？」とか、「コーポレイトミッションに合った企業文化を醸成するには？」といった論点／プロジェクトを指し、どちらかと言うとアンケートやインタビューなどの定性分析が軸になるようなケースのこと。なので、別名「インタビューヘビーなケース」とも呼ばれます。

以上、このように分類されます。

ソフトとハードのどちらがお好き？

ソフトケース	ハードケース
・組織再編	・新規事業に向けた 　市場調査
・組織風土変革	・売上向上戦略
・企業理念構築	・コスト削減
・コーポレート 　ガバナンス再構築	・オペレーション改革
・人材育成高度化	・新規事業立案

　クライアントやマネージャーと「今後のケースの進め方」を議論する際には当然、「論点が何で、分解するとどうなるか？」が最も大事ですが、それを踏まえて「どのようにその論点を解いていくのか？」「ハードに行くのか？ソフトに行くのか？」が議論できたら、次のステージに行けます。

　なお、一般的に言えばソフトケースの方が3倍ほど難しいとされているんですよ。分析であれば当然、仮説検証にしても「白黒」はっきりしますよね。でもソフトケースの場合、突き詰めると、

誰々がこんなことをインタビューで言っていた！

　というのをメインの材料に仮説を構築しなければいけないと同時に、ゴール設定も相当難しい。ハードケースなら「定量的なゴール＝売上2倍、コスト25％削減」など作りやすいですが、ソフトケースは組織や文化となるため難しくなるわけです。

プラクティカルに言えば、ケース設計のゲームプランとしては、

どうにかハードケースにできないか?を模索しつつ、ソフトケースの要素を入れていく、シフトしていく

のが正解となります。

ぜひとも、この目線をもって、自分にアサインされる・された仕事を俯瞰してみてください。きっと、自分がマネージャーになった時にその感覚が活きてきますよ。

**ハードケースにするのも
ソフトケースするのもあなた次第。
最初は得意な方に持ち込もう!**

070

役員合宿

VS

SC（ステアリング・コミッティ）

コンサルの伝家の宝刀。
役員合宿で付加価値倍増！

　コンサル思考、お作法の「学び」も格段と3年目、マネージャーを意識したものになってきましたね。いい感じです。

　今回は、コンサルティングファームとしての「価値の出し方」に少しだけ触れてみたいと思います。これは事業会社にも活きてくるので、ぜひとも楽しんで読んでみてください。

　コンサルタントの価値の1つが、

「第三者」の立場からモノ申せること

　だと言われています。ただこれは良い言い方で、コンサル嫌いの人に言わせてみれば、「責任が無い」立場から好き勝手なことを言うといったところでしょう。

　どちらも真実です。

　そして、「第三者」としての価値が最も発揮できるし、僕の経験した「BCGが提供していたもの」の中で最も費用対効果が高いものを今回、ご紹介したい。

　それが、

役員合宿

です。

実は、最初からこの話を書きたくて仕方がありませんでした。

みんな大好き、僕も相当大好き、それが役員合宿でございます。

基本的には、プロジェクトで何か物事を決める際には、社長や役員を含めた意思決定権者が一同に会してミーティングを行う、SC（ステアリング・コミッティ）と呼んでいる会議で決めることになります。もちろん、その場の議論が盛り上がるように大いなる材料を用意し、時にはファシリテーションを行うことで価値を出すわけだ。これは、コンサルタントはもちろんだし、自分の事業部の部長陣を「役員」に見立ててもらえれば、皆さんも同じような環境にあると言えるでしょう。

そのSCを仕切るようになれたら、最高の価値を出していることになる。そして、その上の価値を出せてしまうのが、

役員合宿

なのですよ。

役員がどこかの近場の温泉施設に行って、1日〜1.5日の間、今後の成長プランについて議論する、それだけでも役員合宿そのものなのですが、そこに第三者であるコンサルタントが入ったのが、今回言うところの「役員合宿」だと思ってくださいませ。

単なる役員合宿でも価値はあると思いますが、第三者が入ると想像を超える価値を出すことができます。

例えば、

役員同士には色々なシガラミがあり本音を語らないのが常の中、コンサルタントが「憎まれ役」「サンドバック」となり、

本音での議論を創出。僕もBCG時代に何回も役員合宿に参加しましたが、本当に刺激的です。特に、地銀が合併をし、それに向けて「今後の成長戦略」を検討する合宿は本当にすごかった。

　そもそも「どこを本店にするか」などから始まり、ありとあらゆることを「自分側」に寄せようとして、一緒になるにもかかわらず、明後日の方向を向いている感じだったのです。

　でも、このBCGの役員合宿で「初めて、相手の頭取とこっちの頭取が仲良く話しているのを見て安心した」「相手の方が、そっちのやり方のほうが良いと発言して耳を疑った」など、参加していた部長陣が興奮していたのが本当に懐かしい。

　それほど、当事者は本音で話しずらいもの。そこを第三者であるコンサルタントが見事に議論を活性化させるのです。

とか、

　「役員合宿」に向かって事務局が立ち上がり、その皆さんと様々な準備をしていくことになるのですが、通常では各社の「エース人材」がアサインされることになります。ですので、その恰好のスーパーエースとコンサルタントが「役員合宿」前の前哨戦のように、喧々諤々の議論をすることになる。

　つまり、トップ同士の前に、今後の未来の「トップ」を担う次世代人材を仲良くさせてしまう価値もあるのです。

とか。

　組織に属しているのであれば、「派閥」というものが何かしら存在しますよね。でも、派閥、縄張り争いをしていては、会社にとって最高の選択がしにくいのは間違いない。そこで、この「役員合宿」の役割を会社で担うことができれば、最高すぎて昇進、いや爆昇進

することは必然でしょう。

　僕のクライアントでも、行内融和が図られない中、率先してその役割を担い、誰も拾いたくない栗を拾って、ぐりぐり推進し、結果として「彼が言うなら、彼とやれるなら」となり、いつのまにか常務にまで上り詰めておりました。

　プライベートでもありますよね。知り合いの中でも何となく派閥があり、こっちの人が多いとあっちの人は呼びにくいといった類のものです。そういう時に「役員合宿」の役割ができたら、最高に大切にされますよね。
　皆さんの「価値の出し方」の1つとして、「役員合宿」を忘れないでくださいませ。

役員合宿の思い出

杉田さんの高名な話でのぼせるのも役員合宿の醍醐味

> リモート時代が来たとしても
> 「役員合宿」はリアルに
> 集まってこそ！です。

イネイブルメント
VS
「解」を出すという価値

イネイブルメントとは
「右斜め上の」コンサルの付加価値

　コンサルタントの価値の出し方を通して、皆さんの「付加価値」を出す上での視座を高めてもらえたらと思います。

　コンサルタントの価値には色々とありますが、中にはあまり取りだたされていないものもあります。最も認知されている価値は当然、クライアントが悩みに悩んでいる問いに対する答えに、一緒に議論しながらたどり着くこと。

　いわば、

アンサー、解、ソリューションを提供する価値

　です。これが無いと始まらないし、これが無ければ「お前は何のためにいるんだ！」と追い返されてしまいます。

　しかし、それだけの価値では留まらないのがコンサルタント。それは何かというと、

イネイブルメント

　ですよ。聞きなれない言葉かもしれませんが、英語そのままでEnablement、直訳すると「有効化、機能割賦」という意味です。機能割賦とかって、よく意味が分からないですよね。ビジネス的に意

訳すると、こういう意味になります。

「解」を提示するのではなく、そのプロジェクトに参加した社員に、その過程を一緒に体感していただく中で成長してもらい、社員を有効化＝戦力化すること。

この価値はとてつもなく大きいですし、コンサルティングファームに仕事を頼む際に、このイネイブルメント＝社員の成長を期待する役員はめちゃくちゃ多いと思います。

これは当然、ケースだけの話ではありません。

部下や後輩がいる皆さんにも、こんなことを言われるようになってほしいということです。

◎◎さんと働くと、成長するんですよね。

こんな風に言われたら明らかに勝ち。

本当にそうなんです。

自分だけ、1人の力だけで出せる付加価値には限界があるわけだから、チームでいかに価値を出すかが大事になる。

このことを絶対に忘れないでくださいね。

> **「イネイブルメント」なんて単なるカッコつけ表現に見えると思うけど、それ以外に適した表現が無いです。**

手ぶら
VS
パッケージ越し

PowerPointがお友達のようではまだまだ甘い

これまた、コンサルタントの付加価値の出し方の進化でございます。

基本的にコンサルティングファームのプロジェクトは週1回クライアントとミーティングをして、その都度、25枚くらいの資料をお持ちして議論する。これを繰り返すことになります。

だから「紙芝居作っているだけでしょ？」と揶揄されるんですが、揶揄されても仕方が無いくらいに、いつでも手元にはPowerPoint資料があるのですよ。

まさに、PowerPoint越しに付加価値を出すということ。

それ自体はもちろん大事だし、それができないと始まらないのも事実なんですが、それだけでは、やもするとクライアントから

こちらが言っていることを代行するだけの
高級文房具、高級テンポラリースタッフ。

などと揶揄されてしまいます。

しかし、僕らが目指しているのはもちろん、

トラステッド アドバイザー。
ファーストコールを掛けたい相手。

です。何か問題が起きた時に、タイムリーにというか、その問題

がどのくらいの規模になるかも分からない状態で相談をしたくなる相手。これになりたい。

そのために必要なのは、手ぶらでの議論、資料無しで付加価値を提供できることです。その場でお客さんの悩みを論点化し、ホワイトボードに問いを分解して、サブ論点を立てる。その上で、今後のタスクを洗い出す。

これを即座にしなければならないわけですよ。

まだ「3年目」でこの位置にたどり着くのは難しいでしょう。でも、その練習をし始める時期でもあります。その時に僕がやっていたのが、

タリーズ会談。

タリーズ会談とは何かというと、僕がBCGのマネージャーだった時に対面の北川さんに対してやっていたことなんですが、

プロジェクトのテーマ度外視に、社内にあるタリーズで、手ぶらでコーヒーを飲みながら議論する。

これです。

それをタリーズ会談と呼んでました。そしてこれが、トラステッド・アドバイザーの第一歩だと思っております。

・当然、コンフィデンシャリティ的にも、コーヒーショップで資料を出しているダサさからしても、資料やノートは出せない。
・時間も30分と短いし、かつ、飲んでいるものはお酒ではなくコーヒーなので、ある意味「遊び」がない。
・そして、その「30分」でのテーマは自由。仕事の話もそうだが、プライベートの話まである。

この３つの環境下で、価値を出さないといけないのです。

「逃げ場」が無いタリーズ会談

非常にチャレンジングな環境ですよね。この中で、ぜひ腕を磨いてほしい。

そうじゃないと、パッケージ越し、つまりプロジェクトのことしか話せない、準備してないと話せないコンサルタントになってしまいます。それでは、プロジェクトを売れるコンサルにはなれない。

これって、ビジネスパーソン全員に当てはまりますよね。

PowerPoint資料は整っているけど、その場の議論が苦手だったり、部長に対してとっさに「ちょっと議論に付き合ってもらっていい?」と言う時に「付加価値」を出せないと、皆さんもいつ何時、社内の「高級文房具」になり下がってしまうかもしれませんよ。

> # 「この人とは一生、仕事したい!」
> # と思ったら仕掛けましょう。
> # それが、タリーズ会談という武器。

乾かす

VS

乾かさない

「乾かす、乾かさない」に
まさかこんな意味があるとは

　ここ数回にわたり、ざっくり言えば「プロジェクトマネジメント」
をする上でのコンサル思考、お作法を語ってきました。かなりレベ
ルが高い話にもなってきてますので、皆さんの「今」の立ち位置に
合わせて読み方をうまくいじってください。

　まだ早いなと思う方は「上司ってこういう活動をしているんだ」
と意図をくみ取るために使ってほしいし、まさに！って方は、完全
に暗記して明日からガンガン使ってみてください。

　さて、今回は何の話かというと、「乾かす VS 乾かさない」の話で
ございます。「乾かす」が良い、「乾かさない」が悪いということで
はありません。行き来できることが大事なのです。もっと言うと、
PowerPointや口頭で何かを伝える時に意識してほしいこと、いや
口頭の場合というよりは、活字のコミュニケーションの時に注意が
必要なことだと思ってください。

　つまり、

メッセージには「湿度」がある。

　これ。これを意識しておくと、コミュニケーションがさらに上手
くなります。

　例えば、皆さんは「トライフォース大島」の売上アップをお願い

されたコンサルタントだとします。そして、色々と分析などをして課題を特定しました。それを、PowerPointのメッセージボックス（＝1番上の段）を使って表します。

　ここで、「乾いていない」湿ったメッセージから、「乾かした」メッセージにしていきます。ちなみに、PowerPointのボディの部分は全て同じイメージだとします。

　では、メッセージが乾いていく流れを見てみましょう。

トライフォース大島のプライシングは「生徒に無駄に優しい」設計になっており、あと＋5千円しても顧客満足は変わらない。
↓
トライフォース大島は「受け放題で1.5万円」となっており、施設を貸すだけのスポーツジムが「7千円」であることを鑑みると安すぎる可能性。
↓
トライフォース大島は「価格設定」に課題があるのではないか？
↓
トライフォース大島の課題（BCG所感）

以上、実にいい感じに「乾いて」いってますよね。
感覚的に「乾いた」「乾いていない」を感じ取っていただきたい。
では、何をやっているのかについて説明しましょう。
まずは「乾かす」を2方向で変化させます。

①リアリティ、具体性、生々しさを排除していく
②断言度合いを下げていく

「メッセージの湿度」を変えるのはなぜかというと、お伝えする内

容が「課題」なので、伝え方を間違えると「そんな言い方しなくても！」となってしまい、本当はクライアントのことを思っていたとしても、聞いてもらえなくなってしまうリスクがあるからです。まさに本末転倒。

ですので、メッセージの湿度とは「自分とクライアントとの距離感」と「クライアントの性格」になります。

だから、新規クライアントだったら乾かしに行くし、そうじゃなくて付き合いが深ければ、ストレートに乾かさずに行くことになるわけですよ。

当然ですが、次の二項対立になります。

> 乾いたメッセージでは、ホームラン、クライアントを感動させることは少ない。ただその分、炎上したりする可能性も抑えられる。

VS

> 乾かさないメッセージでは、炎上する可能性は級数的に上がるが、メッセージが刺さった時は大盛り上がりして信頼を獲得できる。

つまりですね、皆さんは新しい「引き出し」を得たことになるのですよ。

[ロ→サ→T→ス→作→ア] の最後、[ア] を作る際に、[どう伝えるか?] を考えられるようになる。

今回の論点の「解は何か？」の世界から、一歩進化した戦いになるわけです。そしてそのことにより、クライアントに動いてもらう、

動きやすい提言ができるようになるのです。

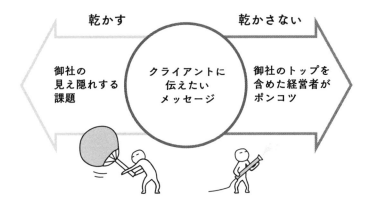

余談ですが、僕が弟子入りしている石毛先生が運営している「トライフォース大島」は最高すぎるのに、「え？、マジで安すぎますよ」と心底思っているので、テーマに上げさせていただきました。本当に最高です。

乾かす／乾かさないに優劣は無い。
相手との信頼感などを鑑みて
判断してください。

074

プラクティカル
VS
何も言ってない

本書を書くにあたって一番気にしたことがこれ。
プラクティカルかどうか

　さて、先ほどの続きで「メッセージの書き方」についてもう少し言わせてください。それは、「打ち手を作る際に必ず、意識すべきこと」についてです。

　コンサルタントに限らず、そしてビジネスに限った話でもなく、人は大なり小なり「相談される」ことがあります。そして、その相談に対して

こうしたほうがいいよ。

　というアドバイスをするわけですよね。アドバイスに対してお金を頂いているのがコンサルタントです。もちろん、お医者さんもそうですし、カウンセラーも。ビジネスパーソンの全てもそうですよね。部下へのフィードバックもそう。ありとあらゆるタイミングで、アドバイスを求められるというシーンが発生する。

　そんな時は、今回のコンサル思考、お作法を思い出しながらアドバイスを作っていただきたいのです。

　キーワードはこちら。

プラクティカル！
プラクティカルかどうか！

直訳すると、「現実的に実行可能かどうか？」といった感じです。

そして、その逆を砕けた言い方で言うと

何も言ってない。

「それって、アドバイスしたつもりかもしれないけど何も変わらないよ。何も言ってないのと同じ意味だよ」となります。

さて、僕がこの話をする際に必ずやるのが、「タクシーの降り際のやりとり」の話。皆さんは、タクシーを降りる時に必ず言われる言葉を覚えているだろうか？

タクシーの運転手さんは必ず、愛を込めて言ってくださる。

忘れ物、気を付けてください。

必ず言われますよね。しかし、その度に「いやいやいや、このアドバイスってマジで何も言ってないじゃん」と内心ツッコミを入れております。なぜかというと、忘れ物をわざとする人はいませんよね。忘れ物は無意識にやってしまうもの。だから「忘れ物、気を付けてください」と言われたところで、本人は忘れるわけねーじゃんと思っているわけだから、直感的には

私は忘れものなんてしないわよ。

と思って、いつもどおり降りてしまう。そして忘れ物は減りません。

では、これってどうしたらプラクティカルになるのでしょうか？

2つの「掛け声」お教えしましょう。

お客さん、忘れものー

1つ目は、「行動」を明確に指図すること。

具体的にはこうだ。

降りた時にもう一度振り返り、座席の上に何か落ちてないか見てください。足元も、もう一度かがんで見てみましょう。

実にプラクティカルですよね。

2つ目は、「恐怖心」を刺激すること。

忘れ物に気を付けましょう。

忘れ物は全て、その日中に捨ててしまいますからね。

さすがにこの声かけをタクシーではできないでしょうが、これだったら行動が変わりそうですよね。

ではここで、クイズを出したいと思います。

名付けて「プラクティカルにするぞ！クイズ」です。

小学6年生になると受験戦争が始まり、毎日といっていいほどテストを受けます。テストでは、答案に名前を書きます。そして、絶対と言っていいほど「名前を書き忘れてしまう生徒」がいますよね。

では、名前を書き忘れないようにするための声かけを考えてみてください。ちなみに、「何も言ってないじゃん」パターンはもちろんこちら。

「名前を書き忘れないように気を付けましょう」

さて、それでは「恐怖心」を刺激するパターンの方からいってみましょうか。

名前を書き忘れたら0点です。

こんな感じですよね。「何も言ってないじゃん」パターンよりも、恐怖心を感じて忘れないかもしれません。少しプラクティカルになりましたよね。

では、「行動」を明確に指図するパターンならどうでしょう？

右上の名前を書く欄の少し下に、筆記用具を置きましょう。尖った方で、名前を書く欄の最初の書き始めを指してください。

こんな感じになります。プラクティカルですよね。よーいスタートと言われた瞬間、鉛筆を持った時に、すぐ近くに名前を書く欄があれば忘れないと思います。

このように、皆さんも仕事においてアドバイスや打ち手を表現する時には、この思考サイクルを入れてみてください。それだけで、かなり良くなりますよ。

> ## 今日から皆さんは
> ## タクシーを降りるたびに
> ## （内心で）ニヤついてください。

仮説を作る「フォーカスグループインタビュー」
VS
検証する「アンケート」

インプットの代名詞
「インタビュー」「アンケート」の使い分け

毎度お馴染みの

[ロ→サ→T→ス→作→ア]

こちらですが、さすがに見慣れてきましたよね。で、今回は[T]＝TASK設計をする際に気を付けてほしいことについて、さらさらっと伝授したいと思います。

僕もそうだし、コンサルタントが大変お世話になっているサービスの1つに、マクロミルという会社のサービスがあります。「答えの無いゲーム」を考える上で大事なインプット、思考するための材料作りを手伝ってくれるんですよ。

何をしてくれるのかというと、

フォーカスグループインタビューとアンケート

この2つ。新規事業もそうだし、新製品の開発の際も絶対にやるTASKです。だからここでは、この最高の2つのインプットの使い分けを伝授いたしましょう。

まずは「フォーカスグループインタビュー」ですが、これはその名の通り、「何人かの人を集めてインタビューを行うこと」です。

　例えば、ワインのプロジェクトだったら「どのようにワインショップを選んでいるか？を聞いてみましょう」といった感じに、30分から1時間ほど、インタビュワーが質問する。名前的には「グループ」と付いてますが、実際は1対Nもありますし、必要に応じて1対1でもやります。

　次に「アンケート」ですが、世間一般のイメージよりは細かい「パネル」と呼ばれる、アンケートに答えてもらう人の絞りこみを実施します。

　例えば、ワインのプロジェクトだったら「ワインを月に10本以上購入していて、かつ、ワインセラーを持っている人にアンケートしてみましょう」といった感じ。質問は選択肢形式で行います。

　このように、「フォーカスグループインタビュー」と「アンケート」の2つを駆使して、日々、コンサルタントも事業会社の人も新しいものを生み出しております。

　では、どう使い分けるのかというと

仮説を作る「フォーカスグループインタビュー」
VS
検証する「アンケート」

　ちなみに、どちらが良い、悪いということではないのですが、個人的には圧倒的に「フォーカスグループインタビュー」の方が価値が出ると思っています。プロジェクトの序盤や、「どこに成長余地があるのか？」「こういう商品を作った方がいい！」など新しい仮説を作る時には、圧倒的に「フォーカスグループインタビュー」でございます。

　実際に、ワインのプロジェクトでフォーカスグループインタビューを行い、その人たちに後で「1対1」での追加インタビュー

も行い、ワインショップの課題仮説を作りました。アンケートとは異なり、総括的なことではなく「それはなぜ？」「ここをもう少し詳しく」といった感じで、まさにぐりぐり深堀りできる。そして今回であれば、ワインに詳しい人にヒアリングしながら議論もできた。実際、その彼とは仲良くなり、直近3か月にワインショップで購入し家で飲んだワインの「エチケット（ワインのラベル）」を見せてもらい、それが後に最高の議論材料となりました。そのケースはまさに、「彼」のおかげで勝てたのです。

　一方で、アンケートでは「仮説」は生まれません。逆に、フォーカスグループインタビューなどで出てきた「仮説」を検証するために使います。「新しいサービスをどのくらい使ってくれそうか？」などを定量的に検証するために使う。だから、プロジェクトで言えば後半に行うイメージですね。

　皆さんも、「0から何かを生み出す」という機会があれば、『仮説を作る「フォーカスグループインタビュー」VS 検証する「アンケート」』をぜひ意識してみてください。

> 覚えておこう。念じよう。
> フォーカスグループインタビュー
> （仮説構築）からの
> アンケート（仮説検証）。

臨機応変

VS

予定どおり

準備に準備を重ねるインタビュー。
考えきったゲームプランを捨てられるのか?

　僕も大好き、みんな大好き、仮説を作るぜ「インタビュー」の話が出てきましたので、ここいらでインタビューをする時の「掟」をお教えしておきたいと思います。

　先に申し上げておきますと、

なんと、14個もあります。

　全てを詳細に書こうとするとそれだけで1冊の本になってしまいますので、さらさらっと要点だけの解説に留めておきますね。

①「仮説検証」のためでなく「仮説構築」のため

　仮説構築こそインタビューの主戦場。まずはこれですよね。先ほど、お伝えした話でございます。

②「インタビューガイド」をちゃんと練りこむ。できれば「展開」を想像する

　インタビューというTASKをするわけですから、当然、そのインタビューで聞きたい問い（＝論点）は何かをちゃんと書ききっておく必要がある。それを、「インタビューガイド」と呼んでおります。

　「こう聞いたらこんな答えが返ってきて、それについて、これをさ

らに聞いて」という感じで、無味無臭のインタビューガイドではなく「ストーリーが存在する味わい深いインタビューガイド」を目指しましょう。

③インタビューガイドはあくまで「保険」

ちゃんと書けば1人でやることが許される一方で、ここが大事なのですが、

インタビューガイドの通り、「予定通り」聞くのではなく、「臨機応変」にそのインタビューの相手に聞くべきことを深堀りする。

「インタビューガイドに書いたものを一応、全部聞きましょう」という思考は最悪です。

④「N＝1をN＝2にする」インタビューはポンコツ

N数＝インタビュー数を増やすことは論点にならないどころか、スジが悪いです。最悪なのが、「仮説を後押ししてくれる」コメントがこれだけありました！と、N＝7とかで検証しようとする輩。全く分かってません。検証はアンケートです。

⑤「一点突破／一点豪華主義」＋「聞いたことにする要領」

「あれ聞いてないの？」を怖がってはいけません。これは前段にも続く話ですね。ケース設計と同じホームランを狙うのがインタビューです。

⑥インタビュー相手は"多重人格"。でも、その矛盾が面白い

インタビューをしていると、つい「誘導」してしまいがち。でも、

人間の行動は矛盾だらけだから、それをつまびらかにしてこそインタビューです。なので、「全体的にケチなのに、タクシーは乗るんだ」みたいな不整合があるのが人間であることを知っておくのも、インタビューを成功させるカギになります。

⑦１本のインタビューが起死回生、ケースを勝ちに導くこともザラ

インタビューは仮説を作れるだけあって、１つのインタビューが「流れ」を変えることもあります。ですので、TASK設計にインタビューを入れておくのが大事。

一方で、アンケートでは一発逆転は起きません。

⑧インタビュー相手が「ぎりぎり考えないと答えれられない」質問がベスト

新しい情報を引き出すには、「その人が一度、昔に考えたことある」質問ではなく「その場で考えさせる」質問がベストです。その方が生々しいリアルが聞けて、鋭い仮説につながります。

⑨チャームで何とか連絡先をゲット。後で追加で聞けるように

何度これで救われたことか。インタビューした後、追加で聞きたいことが出るのは当たり前です。なので、今後も連絡できるようにしておいてください。

⑩「インタビューメモ」は24時間以内。たとえ１日７本でも歯を食いしばる

これはもう、皆さんご存じですよね。ネタは鮮度が命です。

⑪発言を乾かしてはダメ。"生っぽく"が大事

前にも話しましたが、メッセージには湿度があります。だから極力、解釈せず、抽象化もせずに書くのが基本です。

⑫インタビュー前から戦いは始まっている。誰に？いつ？間に合う？誰がやる？

インタビューの準備には、インタビュー相手を選定するなど3週間ほどかかることもざら。なので、ちゃんとTASK設計をしておきましょう。

⑬「腕」より「ネタ」＝インタビュー相手の選定には妥協しない

「誰が聞くか？」ではなく、「誰に聞くか？」が全て。身も蓋もないですが、事実でございます。

⑭最終的にはインタビュー相手に「あだ名」を付ける

インタビュー相手が10人を超えてきたら、それぞれをイメージしやすいような「あだ名」を付けておきましょう。それだけで、チームメンバー議論がしやすくなります。

以上、かなり細かい掟もありましたが、どれも重要な話。頭に叩き込んでおいても損はありません！

> **インタビューは一発勝負。**
> **だから丁寧に準備して**
> **ホームランを打ちましょう！**

論点構造
VS
争点
VS
発言順序

議事録進化論に続く進化論
＝「ファシリテーション進化論」

　年次が上がるにつれて、といってもまだ「3年目」ではありますが、会議に参加しぽろぽろっと発言するだけでは、付加価値を出したとは言えないお年頃になっております。

　その時に期待されるのが、

ファシリテーション

　であり、コンサルに限らず事業会社の方にもぜひ身につけてほしい技術です。

　ファシリテーションの技術を身につける上で、まず最初に意識すべきことがあります。それは

ファシリテーション進化論

　でございます。議事録進化論に続く2つ目の進化論ですよ。

　さて、このファシリテーション進化論は3段階で構成されています。

◎1段目：「発言順序」をファシリテーション

　まずはここから始まります。

「次は誰に発言してもらう？」と言えば、意思を持って決めているように見えますよね。でも、今回はそのレベルではなく、どちらかと言うと

時計周りで自己紹介してください。

では、意見のある方いらっしゃいますか？

という感じからスタートします。

議論を進めるために発言順序を決めているというよりは、

満遍なく皆に発言してもらうため為には？

が論点になっている。これが1段目です。

◎2段目：「争点」をファシリテーション

ここから「意味のあるファシリテーション」になる。「みんな平等に話しましょ！」ではなく、議論を進めるために発言順序をファシリテーションすることになります。

その時に最も大切なのは

「違う」意見を持っている人にも
ちゃんと発言してもらえるか？

ということ。日本一有名なファシリテーターである田原総一郎さんの「朝まで生テレビ」を見ていると、この2段目の「争点」のファシリテーションを見ることができます。

何よりすごいのは、事前に参加者の「各論点のスタンス」を把握しており、自然と反対意見を持っている人を指すことにより議論を進めているという点ですよ。

まずは、明確に賛成の人に当てる。

次に、明確に反対の人に当てる。

そして最後に、表面的に賛成も反対もできない人に当てて、「何を言っているんだよ」とバッサリ切り捨てる。

これにより、誰と誰の意見が異なり、何が「争点」になっているのかを鮮やかに浮き彫りにしておられます。本当にすごいです。

◎３段目：「論点構造」をファシリテーション

発言順序をファシリテーションし、争点もファシリテーションできたら、残るはこれしかありません。

各参加者の「論点構造」をファシリテーションする。

どんなミーティングでも「論点」が存在します。というかむしろ逆で、「論点」が存在するから、それに関係する参加者が集められて議論するわけです。

仮にその会議が３人で行われているとすると、例えばワインのケースであれば、「このワイン会社の売上を上げるためには？という論点を議論しましょう！」と議論が始まったとします。

そうした場合、ファシリテーターはどういう思考にならなければいけないかというと、１人ではなく、今回は３人で［ロ→サ→T→ス→作→ア］のプロセスを通っていかねばなりません。

ですので、ファシリテーターとして、この順番でやることは当然だとして、最大のチャレンジは、

参加者のオリジナリティが最初に出てくる［ロ→サ］
＝つまり、論点をどう分解するのか？
＝論点構造を揃えること

となるわけです。それが、3段目のファシリテーションの進化となるのです。

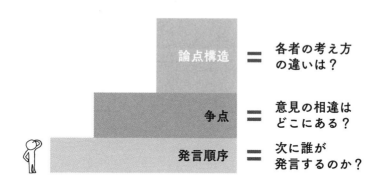

ところで、この3段目のファシリテーションができているかをチェックする良い方法があります。それは、「議論した後に、どんなことがホワイトボードに記載されているか?」をチェックすること。

議論した後に、TASKや打ち手や、それこそ9マスなどのアウトプットイメージが1枚目のホワイトボートとして書かれていたら、それは赤信号となります。

対して、議論を開始した後の最初のホワイトボードに「論点」と「?が付いた問い」の羅列が並んでいたら青信号だと思っていいでしょう。

ファシリテーションは「発言順序」でも「争点」でもない、「論点構造」なのです。

議論を制するものは
「ビジネス」を制する。
そのためのファシリテーションスキル。

ロジと目次
VS
結果と中身

語呂も最高！
ビジネスで大事なのはロジと目次である

　「3年目」は本当にぐいっとレベルが上がってきてますよね。実にいい感じです。

　コンサルタントの仕事は一体何なのかを考えた時に、コンサルタントに限らずプロジェクトをリードする立場の人の仕事は何かを考えた時に、いつも意識してるのがこれ。

ロジと目次。

　そうなのです。「インタビューの掟」でもにじみ出ておりましたが、仕事は段取りが全てだとも言えますよね。

　何かをアウトプットする際のプロセスはもちろん

　　　　　［ロ→サ→T→ス→作→ア］

　なのですが、その上でマネージャーや上司と［→］が終わる毎に議論をするのがベスト。とはいえ彼らも忙しいから、例えば［ロ→サ］が終わったタイミングでいきなり「今から時間ありますか？」と言われても、「あるわけねーだろ」と最高に議論したいタイミングを逃してしまいます。

　だから、あらかじめ自分の進捗を予想し、

このタイミングに5分間、話せるといいな。でも、あのタイミングでは30分で、そのタイミングでは1時間だな。

　などと前もって、マネージャーや上司の時間を押さえておかねばなりません。それが社外のクライアントであれば、なおさらでしょう。もちろん、ミーティングに限らずインタビューの仕込み（業者さんに頼んで、インタビュー相手を集めてもらうなど）も前もって動く必要があります。

　そして、それらを総称して「ロジスティック」、略して

ロジ

　と呼ぶ。ですので、マネージャーに向けてプロジェクトを回す上で、大事なのはロジということになります。

　さらにもう1つ大事なのが目次。コンサルタントとして、マネージャーとして大事なもの＝2つ合わせて

ロジと目次

　と呼んでいます。

　目次は語呂を良くするために選んだってこともありますが、イメージはPowerPoint資料の「目次」です。そのPowerPoint目次こそまさに、アウトプットを生むための6つのステップの最初の［ロ→サ］にあたる

「論点」と「それを分解した問い」たち

　となります。

　例えば、「ワイン会社の売上を上げるためには？」という論点を解いた結果、アウトプットとして出てきた資料の目次はきっと次のようになるでしょう。

> I. ワイン会社の現状と取り巻く環境
> II. それを踏まえた、ワイン会社が抱える課題
> III. その課題を解決する打ち手

　まさに、論点を分解した問いに、サブ論点の「疑問形ではなくした形」になってますよね。この目次をどうするかこそが、マネージャーの腕の見せ所となるのですよ。
　あえてVSを作ると、

ロジと目次 VS
（ロジではなく）結果と（目次ではなく）中身

　こうなりますかね。

どちらも負けられ
ないんやで

飲み会の幹事をやらせてみれば
仕事ができる人か分かる。
これ、まんざら当たっています。

後付けロジック
VS
ただのロジック

ロジックには2種類あることをご存知だろうか？

皆さんは「ロジック」と聞いて、どんなイメージを持ちますか？
僕はこんな感じです。

階段を1段目、2段目と上がっていくイメージ。

梯子の人もいるかもしれないし、数式っぽく「A＝B、B＝Cなら、A＝C」という人もいるかもしれない。「これがあーで、それがこうなら、◎◎になります」みたいなやつですよね。そして実は、ビジネスにおいてはもう1つロジックがある。「ただのロジック」とは別に、「後付けロジック」というものがあるのです。
これを覚えておくと大変便利であり、大切な教訓をくれます。

後付けロジックは、先ほどの階段のイメージで言えば、最初に「2階」のフロアを決めて、そこから後ずさりで1階の地面に後ろ向きで降りているイメージです。

ビジネスで言えば、先に「こうこうこうに違いない！」と、直感でも何でも決めた上で、その後にそうなるようにロジックを組み上げる。ゴール／メッセージ、結論を先に聞いて、後から「後付け」で作ったロジックのことを、後付けロジックと言います。

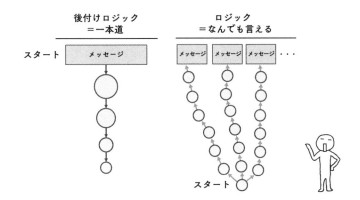

ビジネスにおける経験値が増してくると、良いのか悪いのかといった詳しい状況を知らなくとも、あっちよりこっちの方が良いんじゃね？みたいな確信を得られる時がありますよね。その時に改めて「ただのロジック」で積み上げ直すのではなく、「後付けロジック」で説得するための算段をこしらえることがままあります。

そんな後付けロジックのスキルが高いと、

まるで「ゼロから偏見なくロジックを積み上げたらそうなりました！」という顔で、プレゼンできるようになります。

これは、ビジネスを勝ち抜くためには非常に重要なスキルです。

もちろん、その後付けロジックが「美しく」なければ、こんな切り返しが来てしまう。

それって、答えありきで考えてるでしょ？

こうなるともう説得はできず、むしろ逆にこじれてしまうので注意が必要です。

さて、この後付けロジックですが、これまでの説明で出てきた仮説思考や辻褄思考を極めようとすると、後付けロジックの頭の使い方がMUSTとなります。

仮説思考は当然、情報が限られている中で考えきった答えであり、直感に近いもので作った答えだったりもする。その時に、それを説明するためには「後付けロジック」が不可欠なのです。

また辻褄思考は、自分と異なる結論を理解する時に「こうこうこうで、あーだったとすると、それは理解し得る」という思考をすることになりますが、そのベースは「後付けロジック」の思考に他なりません。

ところで、もう1つ「後付けロジック」に慣れ親しんでほしい理由があります。それは、

ロジックの脆弱性を骨身に染みさせるため。

世の中にはロジックを愛してやまない人がいる。それは価値観なので良いのですが、「後付けロジック」を極めると考えが変わってきます。例えば、「あなたは1年間で青帯になれるか?」という問いへの答えですが、「当然なれます」というロジックも「当然なれません」というロジックも、後付けロジックの思考を使えばできるからです。

その意味でも、ぜひ後付けロジックを2つ目のロジックとして仲間入りさせておいてくださいませ。

> ロジックの脆弱性を理解した時
> あなたのステージは
> さらにまた一段、上がります。

感情が王様、理論は家来

VS

ロジックモンスター

あなたは感情に振り回されたい？
それとも理論ロジックに振り回されたい？

　「ロジック」が脆弱だという話の先を、ここでさくっと語ってしまいたいと思います。

　脆弱だと言われてしまったら当然、「ロジックが不安定だと言うなら、何を信じればいいのか？」と反論したくなりますよね？

　ここで、僕が大事にしている格言を聞いてください。

　それは、

感情が王様、理論は家来。

　これ。まさに人は「感情」が王様。感情が一番大事であり、それを「理論」が追っかける。理論は2番目に大事なもの。そんな意味でございます。

実はこれ、「ロジックの脆弱性」にもつながる話なのですよ。

例えば、あなたは何かの投資を役員に迫りたいと思っている。その時、「ロジック大好きで、ロジックに長けているロジックモンスター」なあなたはひたすら、「この会社に投資すべきだ！」というロジックを並べ立てる。

しかし、聞いている役員だって気付いています。

ロジックに脆弱性がある。
そんなもん、逆のリーズニングもできるだろう。

ではどうしたらいいのかというと、最後はやっぱり「感情」なんですよね。「投資してくれ！」と役員に迫るなら、その説得の最初は必ず、

僕がその会社を成長させたいんです。あのサービスも仕事抜きで大好きなんです。あえて理由を付けるとすると……

などと「感情」をバシバシに伝えてから、「理論」武装すべきなのですよ。

理論だけでは人は動きません。
感情を全面に出した時、人は動いてくれます。

皆さんも、ロジックだけを信じる3流以下には絶対にならないでくださいね。

> 感情＝好きを表現してからの
> 理論＝なぜか？を語る。
> これこそが大吉。

081

梯子は外さない
VS
梯子を外す

これを一度でもやってしまったら
あなたには誰もついて来なくなる

　自分がジュニアメンバーであるうちは、マネージャーなどから詰められたり怒られたりしても、ムカつきはするが面倒くさい感情はさほど沸き立たない。しかし、しかーし、自分の下にメンバーがつくと色々感情が沸き立ってしまいます。

　例えば、次のようなシチュエーションを想像してください。

> 　自分と自分の下にいるメンバーでアウトプットを作っている。
> 　合計5個のスライドを、3つは自分が作り、2つは自分の指示でメンバーが作った。そして、マネージャーやMDとのミーティングでメンバーが作ったスライドを使ったら……
> 「このスライド全然ダメじゃん。何なのこれ？」
> とMDに怒りスウィッチが入ってしまった。
> 　メンバーは下を向いている。

　こんな時、皆さんならどういう風に反応しますか？

黙ってやり過ごす：ダメです。
黙ってやり過ごし、後でメンバーにご飯でもご馳走する：これもダメ。

この状況になった瞬間、あなたは間髪入れずに

あ、それ僕の指示です。すいません。

とフェースアップして、怒っているMDと対峙しなければならない。それがリーダーとしての第一歩なのです。決して「メンバーの梯子」を外してはなりません。だから、間髪入れずにじゃないとダメなのだ。

これを習慣にすれば、どんなにチャームが無くて嫌なやつでも、メンバーはついて来てくれます。だからぜひ、このスウィッチを作っておきましょう。

誰もついて
来なくなるよ。

**人間なんて弱いし自分が可愛いもの。
だから日頃から訓練していないと
下を向いてやり過ごしてしまうよ。**

082

緒についたばかり
VS
まだ未熟

タイトルでは想像がつかない話が始まります

皆さん、タイトルの意味って分かりましたか？

コンサルタントに限らず、「言葉」の選び方により伝わり方は全く違うし、同じ意味だったとしても使う言葉によって「重み」が変わってきます。

そういうことに拘り表面的に「賢く見せる」ということも多少はあるのですが、それ以上に僕ら「言葉を扱う職業人」は

今、表現したいことにぴったりな言葉を選び抜くことに異常な拘りを見せます。

先に、「緒についたばかり VS まだ未熟」というタイトルについて解説しておきましょうか。

「まだ未熟」だと、完全にマイナスの表現になりますよね。でも、「緒についたばかり」だと、「まだ始まったばかり！＝だから未熟なのは当たり前だよね」というフォローが入っている表現となる。この拘りこそが、正しく伝えるためにも、人をちゃんと動かす意味でも大切なのですよ。

ではここで、皆さんが自分の人生においてどこまで言葉に拘ってきたのかを判定するテストをしたいと思います。皆さん、次の表現の意味って分かりますか？

①隗より始めよ

②橋頭保

③詳らかにする

④胸つき八丁

⑤分水嶺

⑥白眉

⑦帰趨が見えない

⑧虚心坦懐に

⑨食傷気味

⑩名伯楽

うんうん、僕はこういう言葉、本当に大好物です。

同じくお好きな方は、こちらに300個ほどまとめてますのでご覧になってみてください。

https://www.kanataw.com/consulting－words/

さて、視座が低い人がこういうのを見ると「カッコいいコンサル用語とかを使って内容の薄っぺらさを隠しているだけじゃん」とか言いがちですが、そこが論点ではありません。

単に

どの言葉で言えば、自分の気持ちが最も伝わりやすいのか。それを追い求めたい。

それだけなのですよ。

ぜひ皆さんも、言葉選びには拘ってみてくださいね。

思考力を付けたければ
「言葉」を増やすこと。
つまるところ、これが近道です。

083

炎上上等
VS
しゃんしゃん

師匠、杉田さんのお言葉＝
「ミーティングがしゃんしゃんで終わったら
要注意」

少し前にこれと同じメッセージを違う角度で説明しましたが、大切なので再度説明します。

クライアントのミーティングが「しゃんしゃん」で終わった時、皆さんは安堵してしまっていませんか?

「今日もうまくいったね」とかメンバーに言いながら、安心して笑顔で会議室を出てしまっていないだろうか?

それは大きな間違いでございます。

間違いなんか?

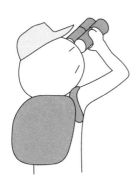

なぜなら、少し前に語りましたが、僕らは「答えの無いゲーム」をしているから「しゃんしゃん」で終わるわけないし、終わってはいけないのです。

「答えの無いゲーム」の戦い方、3つのルールを改めて思い出してください。

①「プロセスがセクシー」＝
セクシーなプロセスから出てきた答えはセクシー
②「2つ以上の選択肢を作り、選ぶ」＝
選択肢の比較感で、"より良い"ものを選ぶ
③「炎上、議論が付き物」＝
議論することが大前提。時には炎上しないと終われない

だから、会議が「しゃんしゃん」で終わった時は黄色信号。議論がうまく仕掛けられていないんだと考えなければダメなのですよ。

安心材料ではないのです。

それでも「しゃんしゃん」で終わったら
その後すぐに、キーパーソンを捕まえて
「タリーズ会談」を仕掛けましょう。

084

クライアント ≠ 友だち

VS

クライアント ＝ 友だち

仕事をしているとホント、
嫌な奴／嫌いな奴に出くわすもの

クライアントの中には、

途轍もなく嫌な奴だっている。

さらに言うと、上司にもいます。

その時に、知らぬ間にその人たちを「友だち」と同じ位置付けにして、「なぜそんなこと言うの？」とか「この人と時間を過ごしたくない！」とか、いつも通りの反応をしてしまう。そう、ウェットな反応をしてしまう。もちろん、それは大間違いなわけですよ。

なぜなら言うまでもなく、クライアントと友だちのように仲良くする必要は無いからです。あくまでビジネスの関係。だから、嫌なやつであろうが何だろうが、あなたがそれに傷つく必要は皆無なのですよ。

もちろん、気が合う人がいたら仲良しになればいい。そして、嫌なクライアントに当たってしまったら、ぜひこの言葉を自分に投げかけてあげてください。

友だちになるわけではない。期待する「結果」がほしいから、そのためだけに「行動」するんだ。

本当に嫌なやつだったら、「得たいものを必ず手に入れてやる！」
という思いのみで動いてやればいいのです。たとえ、内心ではど
う思っていたとしても。
　この考え方ができるようになると、かなり気が楽になりますよ。

たとえ大嫌いだとしてもこの関係を作るのがプロ

友達になるわけじゃねーから
と割り切るだけで
メチャメチャ気が楽になるぜ。

上司は「Nice to have」を意訳

VS

部下は「Nice to have」を直訳

BCGで最初に「Nice to have」を聞いた時は何事かと思った

BCGに入った時にやたらと聞いたのがこれ。

Nice to have.（ナイストゥハブ）

「マストじゃないけど、あったらいいね」という意味合いなのですが、TASK設計の話をしている時などに言いがち＆言われがちです。

例えば、こんな感じで使います。

あ、そうそう。ついでになんだけど、この事例調査は時間があればというか、Nice to have で。

何とも解釈に困る Nice to have。

皆さんはこの「Nice to have」をどう理解しましたか？

結論から言いますと、こうです。

・メンバー＝言われる立場

　直訳して「あったらいいな！」だから、どんなことがあろうともやりきる。

・マネージャー＝言う立場

　意訳して「あったらいいな！」だから、要らない、やらせない。

「ちょっとでも付加価値が出るのなら、やりますぜ俺は」の勢いは、メンバーとしては必要でしょう。しかしながら、指示を出す立場になったらそれではダメ。

　仕事をする中で最もストレスが溜まるのは、作業で徹夜することではなく、やった仕事が「無駄になる」ことですよね？

　もちろん、マネージャーも無駄にしたいわけではありません。でも、TASK設計する際に考えきれないまま、Nice to haveというマジックワードで仕事をさせてしまうと高い確率で、

その作業には見向きもせずに終わる。終わるどころか「Nice to haveって言ったじゃん、メインのをしっかりやりきってよ」とつい逆ギレしてしまう。

　これによりメンバーのストレスが溜まり、あなたの求心力が無くなってしまうのだ。

　だから皆さん、

　あ、そうそう。ついでになんだけど、この事例調査は時間があればというか、Nice to haveで。いや、Nice to haveってことは要らないな。

　と、歯を食いしばって言いましょう。
　勇気をもって言ってくださいね。

Nice to have で

意味

① 「あったらいいな」だから
死ぬ気でやりきる

② 「あったらいいな」だから
要らない、やらせない

どっち？
やる？
やらない？

「Nice to have で」と言うくらいなら
「死ぬ気でやってほしい」とか
「やらなくていいよ」と言いましょう。

テック企業
VS
テクノロジー

誰でも、今からでもできる
簡単にビジネスで付加価値が出せる方法

いよいよ「3年目」も終わりが近づいてきましたね。あと少しです。この勢いで「丸3年」を走り抜けましょう。

さて、世の中には「ビジネスを作る天才」という人種が一定数いるわけでして、彼らは様々なブームを作り出します。皆さんお馴染みの「DX」もその1つ。

昔からあったものに改めて名前を付けることで、

大企業の皆さんのお尻に火をつけて、
「うちの会社もやらねばあかん」と思わせる。

これが常套手段なのですが、今も昔も今後もテーマの中心にあるのはテクノロジー。毎年とは言いませんが、何かとキーワードが生まれ、コンサルタントのみならず全てのビジネスパーソンはついていけるように勉強し続けなければなりません。

さて、そんな時にですね。意外と皆さん、勘違いしていることがあります。

例えば「ディープラーニング」。このテクノロジーについて学ぼうとした時、大半の人が「テクノロジーそのもの」を学ぼうとしてしまうんですよね。

もちろん、それも最終的には大事なのですが、新しいテクノロジー

自体を学びにいっても薄っぺらい理解しかできず、

そのテクノロジーの一体何がすごいのかが
どうにもピンとこない。

　もともとのテクノロジーについての素養もそうですし、数年にわたって追っかけ続けていないと理解できないことが多いので、当たり前なんですよね。それこそ、僕の愛する師匠の1人でもある「森亮さん（デロイトのパートナー）」みたいに、もう20年近くテックの最前線をまさに英語の原文まで遡り、時間さえあればカンファレンスに参加し続けていないと、そう簡単には理解できない。

　ところが、そんな僕にもやりやすい方法を、その森さんとコンサルプロジェクトでご一緒させていただいた時に発見したのですよ。
　それは、

テクノロジーではなく、
テック企業を1000社、調べてしまう。

　これ。その時はガートナーのクールベンダーってのを活用したりしてましたが、本当にこの作戦は当たりでした。テクノロジーを本当に理解した起業家が、議論に議論を重ねて社会に＋を持たらす形にサービスを作り、お金まで稼いでいる姿を見ることができるわけですからね。
　ちなみに、学ぶ順番はこうなります。

テックのサービス→テック企業自体
→テクノロジー自体

僕の「考えるエンジン」のある生徒が大企業の新規事業開発の事業部に転職が決まり、入社までに何をしたら良いのかと相談してきた時に、まさにこの話をしました。

テック企業1000社を自分の興味ベースに調べてまとめて、語れるようにしておいたほうがいいよ。

もちろん彼はそれを愚直にやり切り、そのおかげか入社早々にこの発言。

それって、このスタートアップが同じようなことをしてますよね。

まさに、自分の得意領域というか、自分の居場所を作れたわけです。

テクノロジーを学んでも
すぐには役立たない。
テック企業のサービスを覚えると
明日にでも話す機会があります。

文系の因数分解
VS
理系の因数分解

フェルミ推定のような 「理系」の因数分解は初心者。 さらに上の因数分解がある

　コンサルタントの序盤は、やっぱり「ロジック」が王様だと思っているし、それこそ「フェルミ推定」のような因数分解思考がド真ん中にあります。

　例えば、ジムの売上であれば

> ジムの売上
> ＝延べ会員数÷月の平均利用回数×月会費×12か月

　このような、算数の世界／数字の世界の因数分解。

　これを僕は、

理系の因数分解

　と呼んでいます。

　そして実は、この世界だけに留まっていては先に進めないのですよ。もう1つ必要な因数分解、それは

文系の因数分解

　です。

例えば、コンサルタントとして、いやビジネスパーソンとして必要な能力、技術と言えばチャームですよね。

　若手メンバーに限らず、チャームの無い人を強化するための打ち手を考え始めたとしましょう。その時に、

　じゃぁ、まずは「チャーム」を因数分解してみますか。

　という感じで、自然と「文系の因数分解」が始まります。

　文系の因数分解は、理系の因数分解以上に「答えの無いゲーム」です。ですので、答えは当然１つではありません。その場、その時の議論がしやすい形で因数分解されていることが大事になります。

　例を見ていただきましょう。

チャーム＝［①物理的な強さ］×［②距離の詰め方］×
　　　　　［③詰めた時のパンチ力］
①物理的な強さ＝イケメン、美人、可愛い
②距離の詰め方＝物理的、精神的な距離
③詰めたときのパンチ力＝話、ふるまい

　こうすることで、その「チャームの無い彼」に対して、この３つの要素のどこだろう？と議論を進められるのです。

　さらに因数分解してみましょう。

> チャーム
> ＝［①物理的な強さ］×［②距離の詰め方］×
> 　［③詰めた時のパンチ力］
> ＝［①面×体のバランス×ファッションセンス］×
> 　［②自分で踏み込む力＋他人に踏み込ませる力］×
> 　［③標準の理解力＋15度ズレを起こす力］
>
> ①で言えば、もちろん顔もあるが、体型そして服装も「チャーム＝愛されるか？」に関係してくる。
> ②で言えば、自分で距離を詰めるのもあるが、もう一方で、「隙」が距離を縮めてくれることもある。
> ③で言えば、話やふるまいになるのだが、簡単に言えば「相手に興味を持たれるか？」ということ。その時、常識や正論ばかりではなく、そこから「少し」ズレたオリジナルでなければいけない。

　ここまで分解できると議論はしやすいはず。「彼は、①の3番目の「ファッションセンス」に原因がありそうだね」というような会話ができるようになります。

　ビジネスでも、様々なケースで文系の因数分解が活躍します。特に、組織や文化の変革を担う「ソフトケース」では出番が多いと思います。

　良い組織とは？人事制度とは？企業文化とは？などなど、「文系の因数分解」を始めることで思考を深めるとっかかりが得られるでしょう。

　皆さんも「フェルミ推定」を始めとする理系の因数分解に慣れた後は、ぜひ文系の因数分解にチャレンジしてみてください。

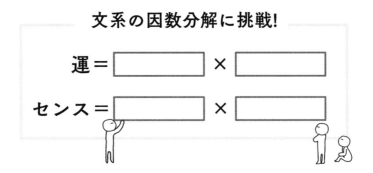

文系の因数分解に挑戦!

運 ＝ [   ] × [   ]

センス ＝ [   ] × [   ]

理系の因数分解より
文系の因数分解の方が難儀。
でも、ぜひ身につけてほしい。

088

寝てからやる

VS

やってから寝る

コンサルが誰しもぶつかる、小さいけど「大事な」問題

　少し箸休め的なお話ですが、皆さんも次のような経験があると思います。

めちゃくちゃ眠い。本当に眠いけど、明日9時の社内ミーティングまでに終えなければいけない仕事がある。

　そんな時の究極の2択がこちら。

　寝てからやる VS やってから寝る

　私もBCG時代、どちらもやりましたよ。寝てからやって成功したこともあるし、寝てからやろうとしたけど気になって結局寝れずだったりと。

究極の選択

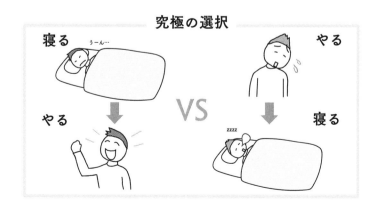

そんなことを繰り返していく中で、僕は自分なりの解答を出しました。

単純な作業であれば「やってから寝る」。
考える作業であれば「寝てからやる」。

　さらに言うと、「寝てからやる」を選択するためには大前提として、どんな状況でも起きれる、もっと言えば「起こしてくれる人」が存在すること。電話してくれる人でもいいし、物理的に叩き起こしてくれる人でもいい。そんな人が存在することが大事です。
　もちろん家族に頼るのもありだし、僕の場合はよく、東新宿にある「足つぼ」屋さんでマッサージを受けながら寝てました。それなら必ず時間通りに起こしてくれますからね。
　要は、

いつでも起こしてもらえる仕組み。

　これを整えられるかどうかが肝要なのです。
　本当に、BCGの最初の「3年間」は眠気との闘いだったなぁ。

「起きれなかったらどうしよう」
の恐怖と戦ってたあの時代。
あの時があったからこそ今がある。

089

深夜の依頼にテンションが上がる
VS
いや下がるでしょそりゃ

ビジネスパーソン、事業家として
大事なマインド「商人魂」を持とう

プライベートを含めると年に3度くらい出くわすのがこれ、

無理とまでは言わないが、
え?今このタイミングで!という要求。

ビジネスにおいては、突き詰めると「お金を払う側」が強く、「お金をもらう側」が弱くなりがち。コンサルタントを「業者扱い」してくるクライアントもいるので、当然、無茶な要求に出会います。

「明日の朝のミーティングに使いたいので、この部分とあの部分を直してもらえますか?」というメールが23時に届く。

「もらえますか?」と言いつつ、クライアントは「やってくれる」と100%思っている。「当然やってくれる」と。そんな時あなたは、やることはプロとして当然だとしても、テンションダダ下がりで取り組んでいないでしょうか?

もちろん、今から飲みに行くとか、デートの約束がのあるかもしれない。気持ちは分かる。けど、この時に一呼吸して、次の思考を回してほしいのです。

たった30分、1時間仕事をするだけで、このクライアントに貸しができる。貸しまで行かなくても、明確に「無茶なお願いを聞いてくれた」と思わせることができるなら安いもんだ!

　最初から「クライアントからの要求なら当然やる!」と強い心で取り組める人には必要無いですが、人間ですので、毎回そういう気持ちにはなれないでしょう。イライラしてたら「なぜこんな時間に言うのですか?できませんよ!」などと言ってしまうかもしれない。

　そんな事態にならないように、皆さんには「損得勘定」を刺激する思考パスを持ってほしい。その名も「商人魂＝しょうにんだましい」です。家でゆっくり休んでいるのに先輩から呼び出されたとか、「土日にこの作業してくれない?」と上司からお願いされたとか、ネガティブな感情が湧く前に商人魂をたぎらせて、

貸しが作れるなら、恩を売れるならお安い御用だ!

　とブラックな思考をしてほしいのですよ。そのおかげで、瞬発的なマイナス発言も避けられるし、「どうせやる」場合が多いのだから楽しく、テンション高くやったほうがクオリティは断然高い。

　皆さんもぜひ、少しだけブラックな一面を作っていきましょう。

**誰もが苦手な思考プロセス「商人魂」。
でも、超絶に重要なので
少しずつ慣れていってください。**

090

トップ3％
VS
会社名

会社名を気にしている暇があるなら、
同期内のトップ3％になれ

　必死になっている時は何も聞こえなかったのに、コンサルタントとして、ビジネスパーソンとして立ち上がり、コンサル思考、お作法も整ってくると色々な雑音が聞こえてくる。その中でも特に、できるだけ早期に解消しておいた方が良い雑音があります。

　それは、

　僕はコンサルの中でも「戦略」じゃないんで、

　とか、

　私は大企業ではなく中小企業なんですよ。

　とか、自分の会社の名前やブランドを気にし始めること。

　その類の質問を文字面通り年がら年中受けるのですが、その度に本心からこう叫んでいます。

トップ3％になりましょう。
どんな会社でも「トップ3％」はツワモノです。

　中には「トップって、何で測るのですか？」などと言ってくるポンコツもいますが、その度に僕は「トップ3％になったら、おのずと分かりますよ」と言っています。

　もうね、気持ちは分かるけど、会社名ごときで「いじけている」のが一番、非生産的。圧倒的な努力で、上3年下3年を加えた7年

の中でトップ３％に入りましょうよ。それだけを考えていけばいい。

　どんな会社でも、組織のピラミッドの形や大きさは異なりますが、
高さは変わりません。
　だから人生、いじけている暇など無いのですよ。

合コンでも仕事でも
コミュニティの上位３％だけに
良いことが起こるんですよね。

091

趣味の世界ですよね
VS
なるほど、直します

「答えの無いゲーム」故に、
この言葉を言えてこそ一人前

昔だったら、上司やマネージャーに指摘されるとノータイムで理由も聞かずに

直します！
すいません！

という言葉が出る。

「すいません」という言葉が自然に出たものですよ。

仕事を始めて最初の「丸3年間」は正直、それでいいかなと思っています。

だって、

ビジネスパーソンとして緒についたばかり。
ビジネスパーソンとして駆け出し。

なんですから。でもそろそろ丸3年が経とうとしているわけだから、色々と見えてきます。理由も聞かずに「すいません！」ではダメな時期でしょう。

実は、もし何か指摘を受けた時にこれが言えたら、よくぞ成長し

た！と自分を褒めていい言葉があります。それは、

それって趣味の世界ですよね。

　これです。
　特にスライドや文章の時に使いやすいのですが、何か修正の指示を出された時にこれをぶっ放せると、もうあなたは立派に立ち上がっていると言っていいでしょう。

それって趣味の世界ですよね。
もちろん、あなたが王様なんで直しますけど。

　ぜひ、こんな感じでぶっ放してみてください。

言う通りに直せて2流。
「趣味の世界ですね」と言えて1.5流。
無視しても褒められたら1流です。

092

打ち手
VS
施策
VS
ソリューション

言葉を使い分けることで思考も深まる

　見慣れた言葉こそ使い分けをしてみると、言語力が高まるとともに思考力も高まります。

　例えば、皆さんは次の3つの言葉をどう使い分けていますか？

打ち手
ソリューション
施策

　僕の使い分けを説明しますが、どちらかと言うと「どう使い分けているかが大切」というよりも、「使い分けていること自体がセクシー」だとお考えください。

◎打ち手

　「打つ」手なわけだから、野球で言えばバットが打ち手。すると当然、ボール＝打つモノが無いとこの言葉は使いづらい。課題とセットで打ち手を議論、原因とセットで打ち手を議論といった「解決策」だけでなく、その原因を語る時にしか使えません。

◎ソリューション

　ただ英語にしてカタカナにしただけでもニュアンスが変わります。ソリューションは、「ゼロベースで作ったもの」ではなく「ありも

の」感を滲ませることができます。

◎施策

　施策はフラット。無味無臭。打ち手も使いづらいし、ソリューションでもない。そんな時に、無難に使います。

　以上、皆さんもぜひ、色々な言葉の使い分けをしてみてください。

ここは「施策」が
ベストチョイスだな

思考力を磨きたければ「言葉」を増やせ（2度目）。考えるとは言葉を紡ぐこと。

093

データ整備

VS

分析の切れ味

そう簡単に「切れ味鋭い」分析でチームを、クライアントを唸らせられるわけがない

コンサルタントが好物にしているものの１つに、Excelを用いた定量分析があります。

定量分析で価値を出すのは本当に気持ちがいい。Excelシートで素敵な２軸を取り散布図にして、それを見た人から

マジか！仮説検証されちゃったじゃん。
このグラフはキースライドだ！

などと言われると本当に気持ちがいいものです。

ですが３年目ごときだと、プロジェクトを勝ちに導くような分析はなかなかできません。とはいえ、マネージャーが軸を作ってくれることをただ待っているのもしゃくだし、それでは存在意義を問われてしまう。

そんな時に皆さんが勝負すべきなのは、分析の切れ味や軸どりではなくデータ整備です。

クラアントからもらった「ぐちゃぐちゃ」のデータを
使い物になるようにすること。

これでございます。

そしてその代表例が、

名寄せ。

　これ。複数のデータ、それも名前が全角、半角はもちろんのこと書き方まで違うものを、目検などを使い紐づける作業のことです。何か良いアウトプットを作るためには、圧倒的に素敵な「インプット」が必要なわけですが、これもそれにつながる話ですよね。

　素敵な分析を作り出すためには、そもそものデータをきれいにしなければなりません。

　逆に言えばクライアントと、

人が時間をかけて力技でやればできますが、Excel 関数とか使っても一瞬では使い物にならないけど見てみたいデータはありませんか?

　などと議論してみると、手軽に付加価値につながるのですよ。

つまるところやっぱり「インプット、材料が命」ということ。材料作りの大切さを見直そう。

094

希少性
VS
高価

皆さんは何をお土産にもらうと嬉しいだろうか？

　「3年目」の終盤ともなると、クライアントと夕飯をご一緒しながら距離を縮めるという目的で、すこぶるおいしいものを無駄に食べる行事に参加できるようになります。

　そう、

会食

という名のイベントでございます。

　その際、ジュニアメンバーは上司にこう頼まれることが多々ある。

クライアントに渡すお土産を買っておいてください。

　偉くなれば秘書さんがやってくれますが、まだ「3年目」ごときでは自分で買いに行かねばなりません。そんな時に覚えてほしいのが、「希少性 VS 高価」についての考え方です。

　お土産は突き詰めると「賄賂」なので、高価なものにしてしまうと違う意味を持ってしまう。しかしながら「粗品ですから」と、本当にこんなものは要らないってものを渡すわけにもいきません。

　そんな時、一番スジが良いのが

高くはないのだけど、
手に入れるのにひと手間かかるもの。

これです。ネットで早いもの競争のチーズケーキとか、「これ流行ってますよね。よく手に入りましたね」とか言われるやつですよ。時間に余裕がある時には、それを目指してください。

対して、時間に余裕が無い時にオススメなのは

ワイン

です。ワインは「希少性があって高いもの」が多いですが、「希少性があって安いもの」もあるんです。なぜなら、希少性＝ストーリーだから。

例えば、「2000年に、オーナーが100周年を記念に100本だけ、このラベルで作ったんです」みたいなストーリーがあると、語りやすくていいですよね。

ちょっとしたプレゼントなんかにもオススメです。

シャトー レオヴィル ラス カーズ
48,500 円 （赤ワイン）

パヴィヨン ブラン デュ シャトー マルゴー
55,000 円 （白ワイン）

まあ高価なワインは
問答無用で美味いんだけどね

**何を渡せば喜んでくれるだろうか？
と考える「思考量」をプレゼントする。
このイメージを忘れないでほしい。**

095

サチる

VS

完成したぜ

「サチる」とは？これぞコンサル用語！

　これぞコンサルタントの用語だ！と言いたくなる言葉があります。英語と日本語をミックスした、相当に気持ち悪いのだけど、物事を考える上でこの感覚は非常に大事だという言葉。それが、

サチる。

　皆さん、「サチる」ってどんな意味か分かりますか？
　正解は、

サチる＝サチュレーションする＝飽和する
つまり「物事の考えの進化が飽和して、これ以上行かなくなった状態を指す」という意味。

　これ。びっくりしますよね。僕もBCGに入ってすぐにこの表現を聞いた時はびっくりしました。まさかの「飽和する」だったとは！
　正直、え？マジで？という言葉の作り方ではありますが、この感覚って本当に大事なんです。
　そして実は、この表現の定義はここで終わりではありません。
　「飽和したからインプットを増やさねば」という意味まで含むのですよ。食塩水で言えば、水を足すかのように。
　そうなんです。飽和したから終わりだぜという意味ではなく、「こ

こからまだまだ先に行きますぜ」という意味が込められているのです。

　仮説にせよ何にせよ、考えに考え切った時に「これ以上進化しない！完成だ！」とゴールテープを切って仕事を終わらせるのではなく、

サチった！
ならば、新しいインプットを探しに行こう！

　と考える。ちょっとやそっと「飽和」したぐらいでは思考をやめない。

　このように、コンサルタントの矜持が盛り込まれた言葉なのです。

　皆さんも、思考に行き詰った時にはぜひ使ってみてください。

　サチってからが勝負だ。

完成だ！
でもここからまだまだ行くぜ！

「サチる」なんて言うより
そっちの方が全然いいじゃんか

> ## 「サチる」という言葉以上に
> ## 「あれ？インプットが足りない」
> ## というアンテナを磨いてください。

096

成長は自己責任

VS

成長は会社がさせてくれる

今思えば、新卒で入社した
NTTデータは過保護でした

BCGに入った時、最初に言われたのがこの言葉です。

成長は自己責任。

コンサルタントになって1日目だったこともあり、当時は全くピンとこなかったことを覚えています。

確かに、僕の最初のキャリアであるNTTデータにいた頃は、どこか会社が成長させてくれるものだと思っていました。

成長するための仕事を用意してくれて、研修も用意してくれて、メンターも用意してくれて、自然と成長そして昇格できる。

そんな感じで捉えていたと思う。

「成長は自己責任」という言葉って一見すると厳しい意味にも見えますが、これって

自分の意志でチャレンジングな仕事も選べる

ということでもありますよね。例えば、分析が苦手だとして、あえて「分析がヘビーなケース」に入れてもらうことも可能。

自分の意志で研修を受けれるし、それ以上に、周り
にいる「できる人」に頼んで「私的に」研修をやって
もらえばいい。

　分析が下手なら「分析がうまい先輩」を捕まえて、いきなり深夜
のExcel分析講座が始まることなんてざらですよ。
　そして、メンターというか師匠も、自分で探し自分で距離を
縮めていってもらえばいい。
　大好きなMDであった加藤さんの個室に時間さえあれば遊びに
行き、「仕事を手伝わせてください」と何かと絡みにいったものです。
　本当に成長するんだったら、成長してクライアントにより価値を
提供できるんだったら、皆が協力してくれる環境があるってこと。
そして、そのスタートは全て「自分自身」だということ。それが、僕
が理解した

成長は自己責任

　という言葉です。
　これはコンサルに限らず、事業会社でもそうですよね。同じ部署
に優秀な先輩がいたら自ら近づいて行き、教えてもらえばいい。部
署を飛び越えても問題無いはず。コンサルならそれを強制されがち
ですが、もし事業会社でそれを持てたら、それはもう「爆成長＆他
と大きく差をつけられる」が確定するということなのです。

> 働かせすぎない＝ホワイト化
> これが進めば進むほど
> 成長は自己責任となる。

097

面白い
VS
正しい

面白い「兄」と正しい「弟」。
皆さんはどちらがお好き?

　物事を考える時、というか、何かを生み出す時には背反する2つの方向性があることを覚えておくといい。

　面白い VS 正しい

　そう、「面白い」を目指すのか、「正しい」を目指すのかです。

　これは (僕なりの解釈ですが) BCGとマッキンゼーの違いでもあり、もう少し言うと「BCGに行った僕 (兄)」と「マッキンゼーに行った弟」との違いでもある。

　マッキンゼーは言わずもがな「世界で最初に」コンサルティングファームという事業を確立した。いわばNO.1カンパニーです。故に、「クラスで1番の美女はクラスで1番のイケメンと付き合う」かのように、彼らのお客さんは業界NO.1のクライアントであることが多い。

　業界NO.1のクライアントの戦略を立てる際はシンプルに、他社など関係なく

王者の戦略＝
「僕らが何をするのが正しいのか?」を突き進める。

　これです。奇をてらう必要もなく、車業界1位であれば全てのカテゴリーの車を生産すればいい。

一方でBCGは、1番
ではなく2番目にコン
サルティングファーム
として市民権を得た会
社。故に、クライアント
は当然、NO.1ではなく
NO.2、NO.3を相手にす
ることが多くなります。
　NO.2、NO.3のクライ
アントの戦略を立てる
際はシンプルに、

俺がNo.1だ！

いや俺だ！

マッキンゼー

BCG

2番手/弱者の戦略＝
「何をすれば王者は嫌がるか?」を突き進める。

　これ。正しさなど要らない、いわば戦略として「常識から少しずらした」面白さを求め続けます。
　そして、子供のころからエースで4番な弟は自然とマッキンゼーを選び、ファーストで5番の私、兄は弟を意識してBCGを選ぶ。まさにですよ。

　もちろん皆さんだって、人生でも仕事でも、その他の細かいことでも、その勝負に勝つためにどちらを追い求めるのかを、その都度決めてから動き出してほしい。

面白さを求めるか VS 正しさを求めるか

　僕は永遠に「面白さ」を求めます。

エリートなんて大嫌いだし、それを倒すために僕は「考えるエンジン」を教えていますし、本もいっぱい書く。

皆さんもぜひ、エリートを倒しちゃいましょうぜ。

兄よりも優れた弟など
存在せぬわ

世の中が変わる中
正しさ以上に求められるのが
面白さ！オリジナル！違った角度！

運	セン ス
VS	
健康	頭の良さ

コンサルもビジネスも超えて、これぞ人生の本質

　「3年目」もあと2つですので、視座をウルトラ上げて締めていきたいと思います。

　皆さんは、人生において「運」「センス」「健康」「頭の良さ」の4つなら、どの順番で大事だと思いますか?

　僕の場合、こんな本を書くくらいだから「頭の良さ」だと思われてそうですが、実は違います。次のように考えながら人生を過ごしております。

「運」があれば、100%人生は成功する。
「センス」があれば、75%人生は成功する。
「健康」があれば、50%人生は成功する。
「頭の良さ」があれば、25%人生は成功する。

　つまり、人生は「運」「センス」「健康」「頭の良さ」の順で大切だと思っています。

　とはいえ、その順番では磨きづらいのも事実。

　運を上げる方法はスピリチュアルの先生だけしか分からないし、センスを上げる方法だって、そもそもセンスは「後天的」に磨けるのか? 健康を作ると言っても、まあまだ上の2つよりは作れるかもしれない。でもそうなると、そうなるとですよ。

頭の良さを上げるのって、めっちゃ楽に思えませんか？

　だからせめて、「頭の良さ」を最大マックスの成功確率である「25％」まで上げてしまうのが、凡人最強の人生成功戦略だと思っております。

　だからこそ僕は、本書の内容も含めて、色々な角度で「頭の使い方を磨き、セクシーにする」ことを業としたのです。

　ぜひとも皆さんも、この考え方を噛みしめてみてください。

> 「運」があれば、
> 100％人生は成功する。

> 「センス」があれば、
> 75％人生は成功する。

> 「健康」があれば、
> 50％人生は成功する。

> 「頭の良さ」があれば、
> 25％人生は成功する。

「頭の良さ」を上げるのが
一番ラクなんちゃう？

> 「健康」のイメージですが
> 「生き死に」の健康というよりは
> 「元気いっぱい体力満載」の健康です。

仕事が下手なだけ

VS

仕事がつまらない

皆さん、「仕事がつまらない」と
嘆いていませんよね?

　皆さんも、皆さんの周りにも、上にも下にも、電車に乗っていて
も、あまりに多く見かける。

仕事がつまらなそうな人。

　世の中にはいっぱいいる。本当にいっぱいいます。
　そして、なぜ仕事がつまらないのか?と問うと、ほとんどの人が
こう答えるでしょう。

今の仕事自体がつまらないから。

　今就いている仕事自体がつまらない。
　だから、もっと楽しい仕事に転職する。

　そんなことを普通に言う人がたくさんいます。
　でも、本当にそうなのでしょうか?
　もし、仕事がウルトラできて、周りから「すごい。なんでそんな
に成果出ちゃうんですか!!!今度教えてください!」みたいに言
われるほど仕事が上手い人だったら、どう感じているだろうか?
　きっと、仕事がつまらない顔はしていないでしょう。

つまり端的に言えば、皆さんには

仕事が下手くそだからつまらない
VS
仕事自体がつまらないからつまらない

このVSに勝ちきってほしい。仕事が上手くなればいいんでしょ！と、ポジティブなエネルギーを燃やしてほしいのですよ。そのために、僕はこの本を書きました。

だって、絶対に頭は良くなるし、仕事も上手くできるようになりますから。そして、そうなれば絶対に仕事が楽しくなりますから！

皆さん、健やかに丁寧に学んでいきましょうぜ。

以上、これで「3年目」も終わりです。
そして、本書のタイトルでもある

コンサルが「最初の3年間」で学ぶコト

の講義を、ここで締めさせていただきたいと思います。

起立!
気をつけ!
礼!
ありがとうございました!

「一桁上の価値を出す」

マネージャーに挑戦の
４年目

振り返ってみると、色々な思いが沸き上がる「3年間」でした。

> 「2度はできない」 叱咤激励の1年目
> 「天狗になる」⇄「鼻をへし折られる」 繰り返しの2年目
> 「付加価値を付ける」 真っ向勝負な3年目

　そして、息をつく暇もなく間髪入れず「4年目」が始まり、新たな「挑戦」が待っていたのですよ。
　当然、「4年目」にも皆さんにお伝えしたい「VS」がいっぱいあります。あるのですが、今回は「5つ」だけ、絞りに絞り込んで紹介させていただこうと思っております。
　でもね、本当に真剣に、本書に掲載していない「VS」がまだまだあるのですよ。
　まだまだある。
　あれやこれや。
　例えばこんな感じの「VS」が。

> インテレクチャルリーダシップ　VS　通常のリーダシップ
> 下から突き上げられる　VS　上を突き上げる
> MDという面倒な生き物　VS　MDはテニュアのトップの役職
> ファーストコール　VS　二番手
> 大いなるインプット　VS　ホチキスパッケージ
> 指揮者　VS　演奏者

などなど。
　そして、そんな「あれやこれや」の挑戦が当たり前になった時、あなたはもうマネージャーになっているのです。

　それでは、本書締めくくりの「4年目」として、コンサルファームの最大の壁＝マネージャーチャレンジのお話を少しだけさせていただきたいと思います！

「構造」を相手に委ねる

VS

「構造」を押し付ける

勢い余って
「4年目」に少しだけ突入いたします

コンサル人生は止まらない。

ということで、少しだけ「4年目」に学んだことも伝授させてください。またしても、テーマは「構造化」でございます。だって、

世の中があまりに「構造化 イズ キング」になっているんだもん。裸の王様なのに。

014で『「たかが」構造化 VS 「されど」構造化』について説明した通り、構造化なんて説明責任を果たす役割しかありません。そして、実はその時にもう一段、意識してほしいことがあるのです。

「構造化したいことを見つめて、どうやったら正しく構造化できるのか」について考える際、つい「自分にとって心地良い構造化」を選択してしまいがちですが、それは大いなる罠。ほとんどの人が、この罠にハマってしまっています。

もちろん、皆さんはもう「4年目」ですから、そんなものにハマってる場合ではありませんよね。更に上に行かないとダメ。

読み手、聞き手にとって心地良い＝既にそれに関して作っている構造を意識して構造化する。

これが正解です。

例えば、クライアントが自社の事業について考えているとして、それまでの議論で常に「人、モノ、金」という構造で語っていたとしたら、どんなに今からあなたが説明することが「既存事業、新規事業」に適していたとしても、クライアントにとって心地良い構造を意識して整理すべきなのですよ。

「趣味は何ですか？」と聞いたとして、アウトドアの人もいればインドアの人もいるし、「お金がかかる、かからない」も人によって異なる。そういうことを意識的に捉えて、思考に入れてほしいわけ。

「構造化」って非常に奥が深いですよね。

そして実は、本書の内容はわざと構造化をしていません。

正直、構造化について本で学ぶ場合、読者さんが読みながら自身の頭にある知識や経験に結びつけたり、既にある心地良い「構造」に入れてもらったほうがスッと習得できるのです。読み深めながら、「これって、前にマネージャーが言ってくれてた話だな」とか、「これはこの前、違う本で違う言い方していたな」などとつないでみてほしい。

構造化の押し付けほど、面倒なことはないのです。

> ## 「4年目」はマネージャーへの挑戦。
> ## 33個は語りたいところですが
> ## 今回は5つに絞り込みました！

ランニングホームラン

VS

ホームラン

ホームランとランニングホームランの「差」は何なのか？

本書「2年目」において、次のテーマについてお話ししました。

一点豪華主義 VS 全てが平均よりちょい上

何かお願いされた時に平均点ちょい上の2塁打で全部打ち返すのではなく1本ホームランを打ち、あとはシングルヒット、時には三振でもいい。その方が「答えの無いゲーム」としては議論が進み正解だ！という話でしたよね。

実はですね、その先があるんです。何か物事をやり遂げる時に意識しなければいけないことがある。

それは、

アウトプットを出すプロセスの中で、「泥臭さ」がちゃんとあるかどうか。

例えばコンサルタントで言えば、

> ・目検でデータを整備して分析を行った
> ・お店の前に1日立って、お客さんに声をかけてインタビューを行った
> ・海外のローカル新聞を3か月分取り寄せて広告欄を分析した

など、泥臭さがあることが非常に重要なのですよ。

ここまでやるのか！
当然やります！

　答えの無いゲームにおいて、つまり未来が分からないという状況の中で途轍もない決断をしようとする人にとって、「泥臭さ」は、それまでのプロセスが「汗まみれ」であることは、これ以上ない信頼となります。

　その意味で、ホームランのように「優雅に歩いて」本塁まで帰ってくるのではなく、「がむしゃらに走って」帰ってくる、まさに「ランニングホームラン」がベスト。

ここまでしてくれたんだから、もう腹を括ろう。

　こう思わせることが大事なのですよ。これを意識すると、タスク設計ももう一段良いものになる。

　世間では、「コンサルタントは汗もかかずに口だけ出す」みたいなイメージを持たれているかもしれませんが、とんでもない。圧倒的なインパクトを出すためなら何でもやりますぜ。

> セクシーな分析やスライドよりも
> ビックインパクトを起こすのは
> 「泥臭さ」なのです。

「自分」を売る
VS
「パッケージ」を売る

本書3個目の進化論＝コンサル「売り物」進化論

コンサルタントはやもすると、資料＝パッケージが売り物と考えがちです。まぁ僕もそうなんですが、あんだけPowerPointにPowerPointを重ねたのがコンサルライフなわけだから、自然と思うようになるわけですよ。コンサルティングのプロジェクト、ケースにおいても、週1回のミーティングの、月1回のステアリングコミッティの、そして最終報告の「資料、パッケージ」が僕らの「売り物」と考えてしまう。

そしてもちろん、「4年目」にもなると、もう一段「上」のものを「売り物」と考えるようになる。いや、ならねばなりません。

最初のうちは、「雑用」も含めた労働であり「代行」が売り物に。クライアントの社員でもできるっちゃできますが、人が足りないので「コンサルさん、お願いします」というやつです（それがPowerPoint作成メインだと「高級万年筆」に見える）。
その領域を超えると、クライアントから提示された「お題、論点」に対して、コンサルとしての「解」をまとめた資料、パッケージが売り物になる。
そのちょい上くらいだと、今度はその資料を通しての「議論」が売り物になる。ぐいっとレベルが上がり、

クライアント起点ではなくこちら起点で「クライアントが今、解くべき問いは何か?」を提示する。

まさに、「論点」が売り物です。

さて、この「売り物」の進化を経てたどり着くべきは、

「自分」が売り物

という領域です。インテレクチャルはもちろんのこと、人生哲学なども含めてクライアントから認められ、「貴方が言うのなら」の関係である。

大事なことなのでまとめておきましょうか。

「代行」→「資料」→「議論」→「論点」→「自分」と、コンサル「売り物」進化を全て通って、自分のコンサル力を磨いてこその最終地点が「自分」であることを忘れないように!

以上、名付けて

コンサル「売り物」進化論!

一足飛びには行けない、行けたとしても中がスカスカの「自分」を売ることになり、すぐにメッキが剥がれてしまいます。

皆さん、じっくりと進化していってください。

> コンサル「売り物」進化論は
> コンサルタントの成長ステージと
> 相関している。
> だから1つの指針にしてみるのも大吉。

マネージャー

VS

マネージャーロール

人生って「なってみないと分からない」ことだらけ

いきなりですが、

マネージャーと「マネージャーロール」は全く別物

でございます。やはり、マネージャーロールは"ロール"であって、全てのプロジェクトの責任を背負っているわけではない。先ほどのコンサル「売り物」進化論で言えば、「代行」→「資料」まで。行けても「議論」までなのです。その先はMDかマネージャーが担っているので、あくまで

マネージャーロール＝「資料」のマネージャー

といったところでしょうか。

そして逆に言えば、そこをクリアしない限り先は無い。だから皆さんにはぜひ、マネージャーロールをこなし、その先にある「プロジェクトの全てを司るマネージャー」を楽しみに日々成長して欲しいのです。

このことは、少し視座を上げると事業会社でも起きています。

人は得てして、

あのマネージャーくらいなら自分にもできるかも。

ほとんど何もしてない課長代理くらいならできるだろう！

　などと思いがち。実際、僕もNTTデータ時代はそんな風に思ってましたよ。

　ですが当然、そんなことはありません。

　それは単に、あなたの視座が低くて見えていないだけ。

成長を加速化するために、
上司・マネージャーが「見える部分、見えない部分」
でどんなことをやっているのか。

　これを意識して勉強させてもらえるかどうかが分かれ目ですからね。

　皆さんもぜひ、マネージャーロールを超えてマネージャーへ挑戦しましょうぞ。

部長、陰でこんなことを！

マネージャーとマネージャーロール。
重圧も悩みの大きさも全く違う。
だからマネージャーには優しくね！

古き良き時代
VS
新世代

ほんとにもう、近頃の若者は。
コンサル界、いや、ビジネス界に起きていること

いつの時代でも言われるのがこれ。

昔は良かった。僕の若い時代はもっとこうだった。

はい、はい、はい。僕も言われてきたし、もちろん僕も言いたくなることも多々ありますよ。でもそれって、いわゆる輪廻みたいなものなので、今言われている人だっていずれは「言う側」になるわけです。

そんな流れの中で、ぜひとも意識しておいてほしいことがある。

それは、

世の中で「過保護(≒ホワイト化)」が進めば、多かれ少なかれ「成長する機会」も奪われるということ。

これです。

今の世の中は全体として、ホワイト化＝「健やかに」働けるようになってきています。この流れ自体は良いことだと思いますよ。

僕の「最初の3年間」なんて、平日朝7時から深夜4時まで働いているのも当たり前だったし、土日も当然働いていたし、それが当たり前だから社会的にも会社的にも何も言われない時代でした。し

かし、今はそうではない。総ホワイト化の流れはこの先、もっともっと強くなっていくでしょう。

　そして、これはつまり

> 世の中は「過保護（≒ホワイト化）」が進む。
> すると「成長する機会」が奪われる。
> 故に、「自分の意識」で機会を取りに行く時代。

　こういうことなのですよ。

　上司から、上から「土日も働け」とは死んでも言えない時代。だからこそ、自分の意志として「早く成長したい！」「誰よりも昇進したい！」と思えば、自分から前向きにテンション上げて、上とコミュニケーションをとって仕事を貰いにいかねばならない。これは結構、ハードルが高いです。

　前提として、周りは「働かなくてラッキー」と思っている人が多いでしょう。そんな中、個人がこの動きをすると、「え？何をそんなに頑張ってるの？」的に足を引っ張られたりする。仕事を渡す方だって、「仕事をください」と言われただけで渡してしまうと、その後に「無理に働かされました」と言われるリスクがあるのでつい躊躇してしまうでしょう。

　実際、こういった壁を突破するには、

自分で歯を食いしばる ＋「上」との距離を詰める。

　これしかありません。前者はいいとして、後者は難しいですよ。上との距離を詰め、ある意味「弟子」として見なされるまで行かないと仕事はもらえませんから。

　だだこれって、逆に言えば
　同期と、周りと「差」をつけやすい時代

だとも言える＝いい時代だとも言えますよね。

はっきり言えるのは、昔以上に「成長は自己責任」が色濃く出る時代になったということです。これは、事業会社ではさらにそうでしょう。大企業ほどホワイト化が進んでいるし、この先もっと進んで行く。となると、そうそう土日なんて働けないし、やもすると「全員18時に帰宅してください」まであり得る。

そんな時、あなたはどちらへ行くのでしょうか？
「成長機会が奪われている」と危機感を覚えるのか、それとも「仕事が早く終わってラッキー！」なのか。さらに今、マネージャーになっている人にとってみれば、

おいおい、今まで俺たちはあんだけ徹夜させられてきたのに、マネージャーになったらメンバーに徹夜させられないんかい！

ですよね。さらに言うと、マネージャー自らがその分を巻き取って仕事をすることになりますから！

とはいえ、今も昔も出さなければならない「付加価値」は変わらない。つまり、マネージャーはより高い「働く力」と「技術」を求められる時代になるということです。特に「技術」は、これが無いとパンクしてしまい、仕事を健やかにできなくなってしまいますからね。

だからこそ、僕は本書『コンサルが「最初の3年間」で学ぶコト』を通じて、皆さんに色々なことを伝授してきました。自信を持って、皆さんがこの先の時代を生き抜いていくために大事なことばかりをモリモリに盛り込めたと言い切れます。

さらにね。

もっと奥深きなのが「コンサルが4〜6年目に学ぶこと」、つまり

コンサルが「マネージャー時代」に学ぶこと

なのですよ。
いつか絶対に書いてみたい。
僕は必ず書いてみせる。
ぜひとも、楽しみにしていてくださいませ。

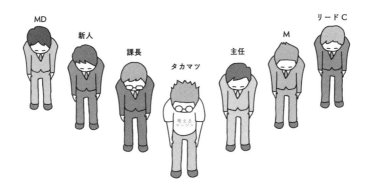

コンサルが最初の3年間で学ぶコト
＋
4年目

皆さん、お疲れさまでした！

さぁ、104個を丁寧に暗記して 明日から「ぐりぐり」と 健やかに実践して行きましょう！

あとがき

　本書『コンサルが「最初の3年間」で学ぶこと』を執筆するにあたり、僕が挑戦したのは次のようなことでした。

> この世のビジネス界・コンサル界は、
>
> ## この本を読んだ VS この本を読んでない
>
> で大きく成果が異なる！と言われること。

　お気づきの方も多いかもしれませんが、僕の著作である
『フェルミ推定の技術』＝黄色ボン
『フェルミ推定から始まる 問題解決の技術』＝ピンクボン
ときて、今度は

『コンサルが「最初の3年間」で学ぶこと』＝緑ボン

　となっています。僕が愛するBCGのコーポレートカラーを意識して、本書カバーの基本カラーは「緑」にさせてもらいました。書いていてBCG時代の思い出が蘇り、本当に楽しかった。
　書いていると、どこか忘れていた気持ち＝「コンサルタントにもう一度戻り、もう一段、高い付加価値を出す」が蘇ってきているような。改めて、購入いただき、そして読んでくださって本当に嬉しいです。
　僕のビジネスライフ、いや、人生としての「ＶＳ」は

考える力、働き方は「スキル」（後天的）
VS
「才能」（先天的）

　に挑戦し超えること。引き続き、どこかで僕の名前のついた本を見かけたら、手に取っていただけると嬉しいです。

　本当の最後まで読んでくださり、本当にありがとうございます。
　もしどこかで僕を見かけたら、声をかけてくださいな。

●著者紹介

高松 智史(たかまつ さとし)

　「考えるエンジン」と聞いて、"あ！"と思った方、ありがとうございます。最近では、「考えるエンジンちゃんねる」「答えのないゲームを楽しむ 思考技術」、そしてそして、なにより「フェルミ推定の技術（通称、黄色ボン）」「ロジカルシンキングを超える戦略思考 フェルミ推定の技術（通称、ピンクボン）」と聞いて、"お！"と思った方、本当にありがとうございます。

　「BCG(ボストン・コンサルティング・グループ)」で培ったこと、「考えるエンジン講座」を教える中で磨きをかけれたことを5冊目として、本書『コンサルが「最初の3年間」で学ぶコト』（通称、緑ボン）を書きました！

　5冊目まで来ましたので、総称して「タカマツボン」と呼ばせてください。ビジネスパーソンの皆さんに「とりあえず、タカマツボンを読んでおけば大丈夫。特に、考える力系は。」と言われるように、地味に地道にコツコツと参ります。

　宣伝ですが、同期・仲間より群を抜きたい方はぜひ「考えるエンジン講座」を調べて、無料相談にきてください。法人研修もやってますので、問い合わせ、待っております。·

　連絡はこちらまで：
takamatsusatoshi@win-kanata.com

　一応、略歴。
　「文系数学の問題を2千問、暗記して、合格した」一橋大学卒。「親友の土居ノ内さんに薦められ、入社した」NTTデータを経て、「正しさを超えた面白さを追求する」BCGを経て、「考えるエンジン講座」「考えるエンジンちゃんねる」を提供させていただいております。

カバーデザイン：坂本真一郎（クオルデザイン）

本文デザイン・DTP：有限会社 中央制作社

■注意

(1) 本書は著者が独自に調査した結果を出版したものです。

(2) 本書の一部または全部について、個人で使用する他は、著作権上、著者およびソシム株式会社の承諾を得ずに無断で複写／複製することは禁じられております。

(3) 本書の内容の運用によって、いかなる障害が生じても、ソシム株式会社、著者のいずれも責任を負いかねますのであらかじめご了承ください。

(4) 本書に掲載されている画面イメージ等は、特定の設定に基づいた環境にて再現される一例です。また、サービスのリニューアル等により、操作方法や画面が記載内容と異なる場合があります。

(5) 商標
本書に記載されている会社名、商品名などは一般に各社の商標または登録商標です。

コンサルが「最初の3年間」で学ぶコト
知らないと一生後悔する99のスキルと5の挑戦

2023年 2月10日　初版第1刷発行
2024年11月 1日　初版第20刷発行

著者　　高松 智史
発行人　片柳 秀夫
編集人　志水 宣晴
発行　　ソシム株式会社
　　　　https://www.socym.co.jp/
　　　　〒 101-0064　東京都千代田区神田猿楽町 1-5-15 猿楽町 SS ビル
　　　　TEL：(03)5217-2400（代表）
　　　　FAX：(03)5217-2420

印刷・製本　　中央精版印刷株式会社